우리 회사, 살아남을 수 있나요?

법인의 모든 질병을 진단하고 치료하는 리스크 닥터의 S.M.A.R.T. 컨설팅

우리 회사, 살아남을 수 있나요?

초판 1쇄 인쇄 2022년 2월 23일
초판 1쇄 발행 2022년 3월 2일

지은이 김종호

발행인 백유미 조영석

발행처 (주)라온아시아
주소 서울특별시 서초구 효령로 34길 4, 프린스효령빌딩 5F

등록 2016년 7월 5일 제 2016-000141호
전화 070-7600-8230   **팩스** 070-4754-2473

값 16,000원
ISBN 979-11-92072-32-6 (13320)

라온북은 독자 여러분의 소중한 원고를 기다리고 있습니다. (raonbook@raonasia.co.kr)

법인의 모든 질병을 진단하고 치료하는
리스크 닥터의 S.M.A.R.T. 컨설팅

우리 회사,
살아남을 수
있나요?

김종호 지음

877, 지금까지 상담한 중소기업 숫자다. 10여 년 전 '월급 주는 사람들을 만나야겠다'라는 생각에 무작정 아파트형 공장의 문을 두드리기 시작했다. 하루에 대략 50개 기업을 찾아가면 10명 남짓의 대표들과 인사를 나눌 수 있었고 여차여차한 과정을 겪으면서 중소기업을 돕는 일을 해야겠다는 직업적인 소명이 생겼다. 하지만 굴뚝같은 마음만으로는 그들에게 필요한 사람이 될 수 없었다. 도움을 줄 수 있는 실력을 쌓기 위해 지금까지 열심히 시장과 책장 사이를 오가고 있다. 이 책은 그런 노력과 경험의 첫 열매이며 '어떻게 하면 중소기업이 망하지 않고 오래 생존할 수 있을까?'에 대한 고민의 결과다.

당신이 사업을 한다고 말하면 사정을 모르는 사람들은 마냥 부러워할지도 모른다. 사장은 남의 눈치 안 보고 돈도 많이 벌면서 하고 싶은 것 마음껏 하는 줄 알 것이다. 하지만 내가 지난 10년간 현장에서 만난 중소기업의 오너들은 마치 좌우를 가리고 앞만 보면서 질주하는 경주마 같았다. 살벌한 비즈니스 경쟁에서 생존하기 위해 매출을 늘리려고 대출을 받고, 대출을 갚기 위해 악착같이 매출을 늘려야 하는 끊을 수 없는 반복을 힘겨워하는 사람들이다. 매출이 떨어진다는 것은 생각만 해도 끔찍한 일이기 때문에 오너는 매출과 대출에 영혼을 팔 수밖에 없는 것이다.

시간이 지나 사업이 꽤 성장하면 여유가 생길 것 같지만 그렇지 않다. 매출과 대출의 반복은 회사가 성장할수록 더 커질 뿐이지 사라지는 것이 아니기 때문이다. 오히려 '잘하고 있나?', '이렇게 계속하는 것이 맞나?' 하는 불안감이 더 늘지만 달리는 호랑이 등에 올라탄 사람처럼 뛰어내릴 수 없어 계속 사업을 하는 상황이 된다. 사업이 해피엔딩으로 끝나면 다행이지만 출구 단계에서 대부분 불행한 마무리를 맞는다. 이것이 내가 본 중소기업 오너의 현실이다.

나는 이런 중소기업의 오너들을 설득하려고 이 책을 썼다. 이 책을 통해 사업의 목표는 성공이 아닌 생존임을, 생존의 열쇠는 매출이 아닌 이익임을, 이익을 만드는 힘은 영업이 아닌 관리임을 알려주고 싶다.

관리의 핵심은 결국 리스크를 다루는 능력이다. 리스크는 피할 수도 없고 없앨 수도 없다. 하지만 잘 다루기만 한다면 손실이 아닌 이익을 만들어줄 수도 있다. 리스크를 줄이면 비용 절감과 절세를 통해 이익을 극대화할 수 있다. 이익이 나는 기업은 시장에서 경쟁자보다 하루라도 더 생존할 수 있다. 어떠한 상황에서도 생존할 수 있는 체질을 가진 기업만이 결국에는 성공이라는 달콤한 열매를 얻을 수 있다. 나는 이를 'S.M.A.R.T. 경영'이라 이름 짓고 체계적인 콘텐츠와 솔루션을 만들어가고 있다.

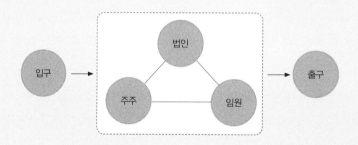

이 책의 핵심은 법인의 구조 때문에 발생할 수 있는 리스크가 어떤 것인지 설명하고, 이 리스크를 잘 관리하면 손실을 이익으로 바꿀 수 있다는 사실을 오너에게 알려주는 것이다. 이를 위해서 법인기업의 구조를 이해할 필요가 있다. 이 책은 법인 사업의 입구에서 발생하는 리스크를 시작으로 법인, 임원, 주주 때문에 발생하는 리스크를 다루고 마지막으로 출구 단계에서 발생하는 리스크에 대해 설명할 예정이다. 시작부터 끝까지 이 프레임을 중심으로 주제를 나누고 리스크를 설명할 예정이므로 위 그림을 다시 한번 눈에 담아두길 바란다.

1장에서는 사업을 하는 사람에게 생존, 이익, 관리, 리스크가 왜 중요한지 다룬다. 그리고 리스크 관리를 잘하면 비용 절감과 절세를 통해 손실을 오히려 이익으로 바꿀 수 있음을 설명한다.

2장은 법인의 입구 단계에서 발생하는 리스크에 대해 다룬다. 사업을 시작할 때 개인 사업과 법인 사업 중 무엇으로 할지 고민하게 되는데 이에 대한 답으로 개인기업과 법인기업의 차이에 대해 먼저 설명한다. 또 법인 사업을 시작하는 두 가지 방법인 법인설립과 법인전환에 따른 리스크에 대해 설명한다.

3장은 법인 사업의 주체인 법인의 제도 때문에 발생하는 리스크를 다룬다. 법인의 설립과 운영, 해산의 모든 과정은 법적인 요건과 프로세스에 의해 이루어져야 한다. 이 과정에서 법적인 리스크가 발생할 수 있는데 법인의 등기와 정관, 규정을 중심으로 설명한다.

4장에서는 임원의 보상과 관련된 리스크를 다룬다. 임원은 주주의 위임을 받아 결정하고 책임지는 역할을 한다. 그리고 이에 따른 대가로 급여와 상여, 퇴직금 등의 보상을 받을 수 있다. 이 중에서 임원의 급여와 퇴직금에서 발생할 수 있는 리스크를 다루고 가지급금과 가수금 같은 역보상의 리스크도 함께 다룬다.

5장에서는 법인의 주인인 주주의 지분과 관련된 리스크를 다룬다. 먼저 과점주주, 차명주주, 단독주주 등 지분 구성 과정에서 발생하는 리스크를 다루고 배당을 활용해 어떻게 이익을 극대화할 수 있을지 설명한다. 주주의 지분은 증자를 통해 늘기도 하고 감자를 통해 줄기도 하는데 이때 주의할 내용을 다루고 마지막으로 증여와 양도 등 지분을 이전할 때 발생할 수 있는 리스크를 설명한다. 이 과정에서 가장 중요한 주식 가치를 평가하고 조절하는 방법에 대해서도 설명한다.

6장은 법인의 출구 단계에서 발생할 수 있는 리스크를 세금 중심으로 다룬다. 법인의 출구 전략은 상장, 매각, 승계, 청산 네 가지 정도가 있는데 이 책은 이 중에서 승계와 청산에 대해서 설명한다.

모쪼록 이 책의 내용 중에서 한 가지라도 적용해서 독자의 리스크를 줄이고 이익을 늘릴 수 있으면 저자로서 그동안의 수고가 보람이 될 것으로 믿는다.

리스크 닥터 김종호

일러두기

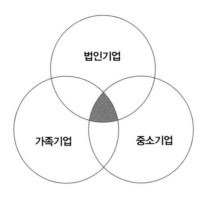

1. 이 책에서 말하는 기업이란 상법상 주식회사를 의미하며 그중에서도 가족 중심으로 운영하는 중소기업을 말한다. 중견기업과 상장기업은 대상이 아니며 개인기업도 법인전환과 관련된 주제 외에는 다루지 않는다.

2. 이 책의 각종 세금과 비용계산 등에 적용되는 관련 법은 2021년 12월 31일 현재를 기준으로 한다.

3. 책의 목적과 출판 여건을 고려해 법조문, 판례 및 예규 등의 근거를 전부 표기하지 못하고 생략했다.

1장

사업과 리스크

4장

임원과 리스크

5장

주주와 리스크

6장

출구와 리스크

1장

사업과
리스크

생존, 사업의 진짜 목표

매출이 성공을 보장하지 않는다

묻겠다. 왜 사업을 하는가? 너무 뻔한 질문인가? 사업의 목표는 성공이다. 성공의 의미는 사람마다 다를 수 있지만 실패하려고 사업하는 사람은 없을 것이다.

그럼 한 번 더 묻겠다. 어떻게 해야 사업에 성공할 수 있을까? 사업에 성공하기 위해서는 물론 운이 따라야 하지만 그것이 핵심은 아니다. 답은 어렵지 않다. 당신의 제품이나 서비스가 경쟁자보다 더 좋거나, 더 싸면 된다. 한마디로 경쟁력 있는 제품이나 서비스를 만들면 되는 것이다.

그렇다면 당신의 제품이나 서비스를 다른 사람은 만들지 못할까? 그럴 리 없다. 언제든지, 누구든지 만들 수 있다고 생각해야 한다. 그럼 만약 모든 기업이 똑같은 제품을 만드는 상황이라고 가정해보자. 그 상황에서는 어떻게 성공할 수 있을까? 탁월한 제품이나 서비스가 아니더라도 사업에서 성공할 수 있는 길이 또 있다. 바로 영업이다.

요즘은 만드는 것보다 파는 것이 훨씬 더 중요하다. 살 사람만 있다면 물건이나 서비스는 얼마든지 공급해줄 수 있기 때문이다. 그렇기에 당신이 오너라면 영업을 중요하게 생각해야 한다.

마지막으로 한 번만 더 묻겠다. 그렇다면 좋은 제품과 효과적인 영업을 통해 매출이 커진다면 사업적으로 성공했다고 말할 수 있을까? 예를 들어 매출 100억 원인 회사는 매출 10억 원인 회사보다 10배 더 성공한 것일까? 안타깝게도 그렇지 않다. 만약에 매출이 성공에 이르는 유일한 통로라면 어마어마하게 매출이 큰 회사가 순식간에 무너지는 것을 어떻게 설명할 수 있을까? 매출은 성공을 위한 필요조건일 뿐이지 충분조건은 아니다.

사업의 목표는 생존이어야 한다

비즈니스에서 성공이란 무엇일까? 어떻게 해야 시장에서 진짜 위너가 될 것인가? 나는 생존이라고 생각한다. 사업을 하는 당신이 세워야 할 가장 현실적인 목표이자 성공을 위한 전제는 '생존'이어야 한다. 특히 대마불사(大馬不死)를 외칠 수 없는 중소기업이라면 더 그렇다. 성공하려고 시작한 사업에 생존을 목표로 하라니 코웃음 칠 수도 있겠다. 그러나 생존하지 못하면 성공도 불가능하다. 살아남지 못했는데 어떻게 성공이라는 열매를 딸 수 있겠는가? 최소한 경쟁자보다는 하루라도 더 생존할 수 있어야 당신에게 성공의 기회도 찾아온다.

1997년 IMF 외환위기, 2007년 글로벌 금융위기 그리고 2020년 갑자기 시작된 코로나19 바이러스 위기가 이를 잘 보여준다. 세상을 집어삼킬 것 같은 위기를 겪으면서 어떤 기업은 생존하고 어떤 기업은 죽는다. 이때 살아남은 기업은 사라진 기업의 몫까지 모두 갖게 되고 더 크게 성장한다. IMF 외환위기를 지나면서 사라진 한보와 살아남은 한화의 스토리가 이를 극적으로 대변하고 있지 않은가.

아바의 유명한 노래 가사 'The winner takes it all'을 비즈니스에서는 이렇게 바꾸어 불러야 한다.

"The survivor takes it all(생존자가 모든 것을 갖는다)"

많은 중소기업의 오너들이 오늘도 성공을 위해 고군분투하지만 정작 생존을 위한 전략과 준비에는 무관심하다. 성공하고 싶어서 사업을 시작했는가? 그럼 먼저, 어떤 경우에도 생존하겠다고 다짐하라. 작은 성공에 취하지 말고 극한 상황이 와도 살아남을 수 있도록 준비하라. 강한 자가 살아남는 게 아니라, 살아남는 자가 강하다는 것은 비즈니스의 절대 진리다.

사업의 성패는 리스크 관리가 좌우한다

시작이 반이라고 한다. 하지만 사업의 세계는 그렇지 않다. 시작은 반의반도 안 된다. 시장에서 살아남기가 그만큼 힘들기 때문이다. 창업한 지 5년 정도 지나면 기업 4곳 중 3곳이 5년 이내 문을 닫는다는 현실이 이를 잘 말해준다. 그래서 사업의 진짜 목표는 현실적으로 성공이 아니라 생존이라고 말하는 거다.

생존을 위해서는 무엇을 해야 할까? 기업의 생사를 가르는 가장 중요한 포인트는 무엇일까? 이 책을 통해 내내 강조하겠지만 나는 시작도 리스크, 마지막도 리스크라고 말하고 싶다. 사업은 리스크와의

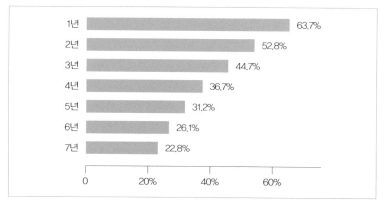

우리나라 기업의 1~7년 생존률

1년	63.7%
2년	52.8%
3년	44.7%
4년	36.7%
5년	31.2%
6년	26.1%
7년	22.8%

출처: 〈2019년 기업생명 행정통계〉, 통계청

끊임없는 싸움이다. 외부의 리스크, 내부의 리스크, 돈 리스크, 사람 리스크, 오너 리스크. 사업의 성패는 결국 이런 리스크를 어떻게 관리하는지에 달려 있다.

이익, 생존의 진짜 열쇠

생존의 열쇠는 매출이 아니다

재난에서 살아남기 위해 사람에게 가장 필요한 것은 무엇일까? 물이다. 사람은 평생 햇빛을 보지 않아도 생존할 수 있고 음식을 먹지 않아도 한 달 이상은 버틸 수 있다고 한다. 하지만 물 없이는 1주일 이상 생존이 불가능하다고 한다.

그럼 기업의 생존에는 무엇이 가장 중요할까? 매출이 크다면 위기 상황에서 좀 더 버틸 수 있는 여력이 있을 것이다. 하지만 어마어마한 매출을 자랑하던 회사라도 한순간에 무너지는 것을 본다. 매출이 늘어날수록 리스크도 함께 커지기 때문이다. 매출 10억 원을 올리던 오너가 망하면 다시 재기할 수 있지만 수백억 원의 매출을 올리던 기업이 망하면 현실적으로 다시 일어서기가 거의 불가능하다. 왜 그럴까? 매출이 클수록 부채도 많기 때문이다.

매출이 생존을 좌우하는 것이 아니라 부채라는 리스크가 기업의 존망을 결정하는 것이 현실이다. 큰 매출이 생존을 보장하는 것이 아니라는 사실을 유념하기 바란다.

이익이 나야 망하지 않는다

나는 기업생존의 열쇠가 매출이 아니라 '이익'이라고 생각한다. 매출이 큰 회사는 망해도 이익률이 높은 회사는 쉽게 무너지지 않기 때문이다. 매출이 적더라도 이익이 있다면 위기가 왔을 때 버틸 수 있다. 더 나아가 힘든 상황에서도 적극적인 투자를 통해 경쟁력을 확보할 수 있다. 따라서 경영자는 어떤 경우라도 이익을 내려고 노력해야 한다.

물론 여기서 말하는 이익은 사업을 통해 실제로 벌어들인 이익을 말한다. 많은 중소기업이 장부상 이익이 났음에도 불구하고 소득세, 법인세를 낼 때는 대출을 받아야 하는 상황이 벌어진다. 왜냐하면 재무제표의 당기순이익은 실제로 입금된 현금 이익이 아닌 매출채권과 같은 미래의 이익이거나 재고를 통해 만들어진 가공의 이익이기 때문이다.

가업승계 멘토링을 받는 고객이 있다. 이 회사는 반도체 관련 장비의 부품을 제조하는 개인회사다. 매출 대비 당기순이익률이 최고 30%까지 나올 때도 있고 평균 15% 이상 나오는 보기 드물게 알찬 회사다. 많은 기업주를 만나다 보니 재무제표만 살펴봐도 오너의 성향과 생각 등을 어느 정도 가늠할 수 있다. 상담 전에 이 회사의 재무제표를 분석하면서 매우 꼼꼼하고 관리를 잘하는 분이겠거니 짐작했는데, 오너를 실제 만나보니 상상 그 이상이었다.

첫 상담 이후 거의 1년을 넘게 오가며 법인전환에 대한 필요성을 설득했지만 쉽지 않았다. 나중에 컨설팅 계약을 한 후 물어보니 오녀의 원칙이 '이해되지 않으면 함부로 실행하지 않는다'라며, 2년 가까이 정말 많은 컨설팅 회사와 전문가를 만나서 법인전환에 대한 설명을 들었다고 한다. 이해될 때까지 묻고 또 물은 것이다.

대표는 마포에 건물과 오피스텔도 몇 개 가지고 있어서 소득세로만 매년 4~5억 원 정도를 납부하고 있지만 지금도 매일 경기도 수원에 있는 낡은 지식산업센터의 지하 1층 공장으로 출근한다. 가족이 모두 함께 일을 하고 있으며 60대 중반임에도 불구하고 여전히 본인이 직접 제품을 개발하고 생산관리를 하고 있다.

이분은 습관적으로 '지금 당장 일감이 끊기면 몇 개월을 버틸 수 있지?'라는 질문을 하면서 하루의 일과를 시작한다고 한다. 어떤가? 이 회사가 매출이 줄어든다고 망할까? 매출이 줄면 관리를 통해 비용을 낮추어서라도 반드시 이익을 만들 것이다. 실제로 대표는 33년이 넘는 세월 동안 단 한 번도 적자를 기록하지 않은 것을 큰 자랑으로 여긴다고 말했다.

매출 중심에서 이익 중심으로

요즘 아이들은 체격이 좋아서, 웬만하면 부모보다 자녀의 키가 더크다. 하지만 체격이 크다고 체력도 좋을까? 그렇지 않다. 오히려 체력은 많이 떨어지는 편이다. 기업도 다르지 않다. 매출이 기업의 체격이라면 이익은 체력이라 볼 수 있는데 체격만 크고 체력이 형편없는 기업이 많다. 체력이 좋아야 경쟁에서 이길 수 있듯이 매출보다 이익률이 높아야 생존에 유리하다.

매출 중심 경영과 이익 중심 경영

만약 당신이 중소기업의 오너라면 이제부터 매출 중심의 생각을 이익 중심으로 바꿀 필요가 있다. 외형을 키우기보다 내실을 채워야 한다. 그래야 위기에 강한 회사를 만들 수 있고 성공의 기회도 잡을 수 있다.

물어보자. 당신은 매출을 올리려고 사업을 하는가, 아니면 이익을 남기려고 사업을 하는가. 진지하게 한번 생각해보라. 매출이 오르면 당연히 이익도 늘어날거라 생각하겠지만 매출과 이익이 반드시 비례하지는 않는다.

매출을 올리려는 노력만큼이나 이익을 남기려는 노력도 중요하다. 미국의 아마존이나 한국의 쿠팡처럼 장기간 이익을 내지 않고 규모만 늘려도 생존이 가능한 회사는 거의 없기 때문이다. 하물며 중소기업은 더 말할 필요가 없다. 명심하라. 중소기업의 생존은 매출이 아니라 이익에 달려있다.

관리, 이익의 진짜 원천

행운은 노하우로 남지 않는다

간혹 매출이 몇 배나 차이가 나는데도 이익은 비슷한 경우를 본다. 반면 이익이 서로 비슷한데 현금 보유에서 큰 차이가 나는 경우도 있다. 어떤 회사는 남는 것이 없고 늘 현금이 부족해 쩔쩔매는데, 어떤 회사는 여유자금이 넘치고 예금, 적금, 보험 같은 금융상품까지 넉넉하게 가입한다. 왜 이런 차이가 생길까? 바로 관리력의 차이다. 이익을 만드는 힘은 '관리'에서 나오기 때문이다.

의지만으로 높은 산을 오를 수는 없다. 직접 배낭을 메고 산에 올라보면 알 수 있다. 아무리 강철 같은 의지와 원대한 포부가 있어도 마음처럼 되지 않는다. 덩치가 크다고 유리하지도 않다. 수많은 경험과 훈련으로 근력, 지구력, 정신력 같은 '힘'이 생겨야 가능하다. 의지도 체력이 뒷받침되어야 단단해지는 것이다.

사업도 마찬가지다. 힘도 없으면서 의지와 열정만으로 사업에 성공할 수 없다. 운이 따라 준다면 한두 번 큰 거래를 할 수는 있다. 하

지만 그것도 일시적이다. 행운은 이유를 알 수 없기 때문에 반복할
수 없고 노하우로 남지 않는다.

사업을 키우는 세 가지 힘

사업을 잘하기 위해서 어떤 근육을 길러야 할까? 기업이 지속적
으로 성장하기 위해서는 매출과 이익이 함께 늘어나는 것이 가장 이
상적이다. 이를 위해서는 경쟁력 있는 제품이나 서비스를 만들 수
있는 제품력, 효과적인 영업력, 효율적인 관리력 세 가지 힘이 필요
하다. 제품력과 영업력은 매출을 늘리는 힘이고 관리력은 이익을 늘
리는 힘이다.

제품과 서비스가 경쟁자들에 비해 싸거나 품질이 탁월하다면 매
출은 성장한다. 당장은 아니더라도 시간이 지나면 자연스레 그리 된
다. 시장은 본능적으로 경쟁력 있는 제품과 서비스를 원하기 때문이
다. 이것이 제품력을 가진 기업의 힘이다.

하지만 요즘은 남들이 만들지 못하는 제품이나 하지 못하는 서비
스를 제공하기가 정말 어렵다. 특히 중소기업은 생존만으로도 버겁
기 때문에 제품이나 서비스 차별화에 쏟을 여력이 거의 없다. 웬만
큼 규모가 있는 중견기업 이상이 아니라면 사실상 '제품력'만으로 승
부를 걸기 힘들다.

현실적으로 중소기업의 매출을 만드는 더 중요한 힘은 '영업력'이
다. 현장을 다니다보면 제조업 중에서 제법 탄탄한 회사들이 있다.
이런 회사는 십중팔구 대표가 직접 영업을 뛰거나 영업관리에 많은
힘을 쏟고 있다는 공통점이 있다. 솔직히 세상에 나밖에 못 만드는

사업을 키우는 세 가지 힘

제품이 얼마나 되겠는가. 중소기업의 오너라면 반드시 영업에 눈을 떠야 한다. 만약 영업할 각오가 서지 않는다면 처음부터 사업을 시작하지 않는 것이 좋다.

유통업과 서비스업은 회사를 운영하는 기본이 영업이기 때문에 오너들도 어느 정도 영업의 마인드가 있다. 하지만 제조업은 제품을 만드는 것이 사업의 핵심이기 때문에 영업에 심혈을 기울이지 않는 회사가 많다. 제조업 대표들은 엔지니어 출신이 대부분이라서 기술에 대한 자부심은 넘치는 반면 영업에는 약하다. 심지어는 영업을 싫어하기도 한다. 하지만 내 사업을 시작한 이상 영업은 생명줄과 같다.

이익을 만드는 힘은 관리력

기업의 매출은 매년 조금씩이라도 늘어나는 것이 좋다. 매출이 늘어나면 대출을 더 받을 수도 있고 투자를 통해 경쟁력을 확보할 수 있기 때문이다. 하지만 매출만 커진다고 좋은 회사라 할 수 없다. 이익도 함께 늘어야 한다.

사업을 해보면 매출이 증가하는 속도만큼 이익이 잘 늘지 않는다는 것을 느낀다. 10억 원을 벌 때나 20억 원을 벌 때나 이익이 비슷하다. 아니 오히려 이익률은 떨어진다. 왜 그럴까? '관리력'이 부족하기 때문이다. 어느 정도까지는 매출만으로 회사가 성장할 수 있지만 수십억 매출을 넘어서고 회사에 사람이 많아지면 관리가 정말 중요해진다. 그런데 우리나라 중소기업 오너들은 유독 관리에 약하다. 경험상 창업자 대부분이 엔지니어 아니면 영업맨 출신이기 때문인 이유도 있는 것 같다.

관리를 통해 이익을 만든 실제 사례를 하나 들어 보자. 비슷한 시기에 컨설팅을 진행한 두 회사가 있다. 지역은 다르지만 기업의 상황은 비슷했다. 매출도 30억 원 내외로 비슷하고 오너와 가족들이 함께 일하는 제조업이라는 특성도 비슷했다.

공교롭게도 약 4억 원 정도의 가지급금이 있는 것도 비슷했다. 그런데 세무조정계산서를 보니 가지급금에 대한 이자율이 A기업은 4.6%, B기업은 2.7%였다. 이에 따라 대표가 부담해야 하는 인정이자가 A기업은 1,840만 원, B기업은 1,080만 원이었다. 두 대표의 이자 부담이 760만 원이나 차이가 나는 것이다.

왜 이런 차이가 발생했을까? B기업의 대표는 리스크 관리에 관심이 많아 평소 컨설팅도 받고 교육도 많이 참석하는 편이다. 가지급금이 발생하는 것은 어쩔 수 없다고 해도 이에 대한 인정이자는 가중평균차입이자율로 정하는 것이 원칙이라는 것을 알게 되었고 세무사와 의논해서 가지급금의 이자를 낮춘 것이다. 반면 A기업은 결산과 세무조정 과정에서 세무사가 처리해주는 대로 세금을 납부하고 세무조정계산서를 검토해보지도 않았던 것이다. 이것이 바로 '관

가지급금과 인정이자의 차이

구분	A기업	B기업
가지급금	4억 원	4억 원
인정이자율	4.6%	2.7%
적용한 인정이자율	당좌대출이자율	가중평균차입이자율
인정이자	1,840만 원	1,080만 원
차액	–	△760만 원
매출효과	–	1억 5,200만 원

리의 차이'다.

더 극적이고 눈에 확 띄는 금액의 차이를 사례로 들 수도 있다. 하지만 크지 않은 금액이라도 관리를 통해 아끼고 줄이다보면 기업의 이익은 저절로 늘게 된다는 사실을 말하고 싶었다. 순이익률이 5% 정도인 A기업이 차액 760만 원을 현금으로 만들기 위해서는 최소 약 1억 5,000만 원의 매출을 더 올려야 한다. B기업은 관리만으로 1억 5,000만 원의 매출을 만든 것이나 다름없다. 이것이 바로 이익을 만드는 관리의 힘이다.

관리는 시스템을 만드는 것

경영관리의 핵심은 시스템을 만드는 것이다. 내가 없어도 돌아가는 시스템, 낭비를 줄이고 효율을 높이는 시스템, 이것을 만드는 것이 바로 경영자의 핵심 역할이다.

그럼 시스템이란 무엇일까? 추상적이거나 어렵게 생각할 필요 없다. 백화점이나 대형마트 화장실에 가보면 '화장실 청소 체크리스트'가 있다. 이 체크리스트를 통해 고참은 신입에게 가장 효과적으로 청소업무를 가르칠 수 있다. 관리자는 매번 옆에서 지켜보지 않아도 주기적으로 청소 상황을 체크할 수 있고 문제가 생겼을 때 책임 소재를 따질 수 있다. 아울러 화장실을 이용하는 고객에게는 화장실이 잘 관리되고 있다는 인상도 줄 수 있다. 이 '체크리스트'야말로 가장 효율적인 관리 시스템의 본보기다.

중소기업은 오너 개인의 성향과 역량만으로 대부분의 결정이 이루어진다. 경험상 오너로서 최악의 관리자는 사람들을 전혀 믿지 못해 직접 모든 것을 처리해야 하는 경우와 경리나 관리자를 너무 믿어 모든 것을 맡기고 확인조차 하지 않는 경우다. 극단적인 경우라 말할 수 있겠지만 생각보다 이런 오너들이 꽤 많다.

이제라도 관리에 눈을 떠야 한다. 직접 하지는 못하더라도 적어도 세무사나 노무사와 대화하고 질문이 가능한 수준 정도, 직원에게 일을 시키고 점검할 수 있을 정도는 공부해야 한다. 그래야 나중에 이런 말을 하지 않는다.

"매출은 올랐는데 남는 게 없어."

"앞으로 벌고 결국은 밑지는 게 중소기업이야."

"난 모르겠으니까 다 알아서 해줘."

"믿고 다 맡겼는데 이제 와 뒤통수를 쳐?"

리스크, 관리의 진짜 핵심

리스크 때문에 순식간에 무너진다

매출은 제품에서 나오고 이익은 관리에서 나온다는 말이 있다. 사업을 오래 해본 사람이라면 성공의 열쇠가 반짝이는 아이템에서 나오는 것이 아니라 건전하고 꾸준한 돈 관리와 사람 관리임을 부정할 수 없을 것이다. 결국은 돈과 사람을 잘 관리해야 사업에 성공할 수 있다.

이 둘을 관리하는 전략은 크게 보면 두 가지다. 돈과 사람을 효율적으로 배치하고 활용해서 매출을 높이는 적극적 관리와 돈과 사람에서 발생할 수 있는 리스크를 사전에 파악하고 관리해서 이익을 높이는 소극적 관리다.

흔히 경영관리라고 하면 적극적 관리만을 떠올린다. 하지만 중소기업이라면 리스크를 다루는 소극적 관리에 먼저 눈을 떠야 한다. 소극적 관리라는 말이 주는 부정적인 뉘앙스와 도전적이지 않은 느낌에 속지 말라. 리스크 때문에 당신의 사업이 한순간에 무너질 수

경영관리

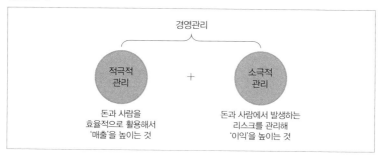

경영관리

적극적 관리	+	소극적 관리
돈과 사람을 효율적으로 활용해서 '매출'을 높이는 것		돈과 사람에서 발생하는 리스크를 관리해 '이익'을 높이는 것

도 있다. 발생 가능한 리스크를 찾아내고 이에 대한 준비와 대비를 충분히 해야 지속가능한 성장이 가능하다.

큰 기업들은 사전적으로 리스크를 파악하고 대비할 인력과 여력이 있다. 하지만 창업기업과 중소기업은 이 부분이 매우 취약하다. 성공의 꿈에 부풀어 현실에서 발생하는 리스크를 보지 못한다. 매출에만 올인하다가 어느새 감당하지 못할 정도로 부채가 늘어난다. 자신감에 넘쳐 무리하게 확장했다가 생각하지도 못한 위기가 터져 순식간에 무너지기도 한다. 근로계약서 한 장 쓰지 않아 악덕 기업주가 되기도 하고 사람을 너무 믿어 뒤통수를 맞기도 한다.

납부일을 지키지 않아서 물어야 하는 몇만 원의 가산세부터 갑작스러운 오너의 사망으로 인해 발생하는 몇억 원의 세금과 빚 독촉까지, 장단기적으로 기업과 오너에게 손실을 일으켜 현금을 빼앗아 가는 것 모두가 리스크다. 크고 작은 리스크가 쌓여 연쇄적으로 터지기 시작하면 아무리 잘나가는 기업도 한순간에 무너질 수 있다. 리스크 관리를 남의 일, 나중의 일로 생각하면 안 되는 이유다.

리스크는 결국 내부에서 발생한다

리스크는 어디에서 발생하는가? 크게 외부와 내부로 나누어서 생각해볼 수 있다. 나는 이 중에서 내부적인 리스크만을 다루려고 한다. 왜냐하면 외환위기, 금융위기, 팬데믹 등 외부적인 요인 때문에 발생하는 리스크는 우리가 통제할 수도 없고 예측하기도 어렵기 때문이다. 또 외부에서 발생하는 리스크가 아무리 크다고 해도 내부적으로 이 리스크를 대비하고 준비한 기업은 살아남을 수 있고 이익을 낼 수 있기 때문이다.

결국 기업을 무너뜨리거나 손실이 나게 만드는 결정적인 리스크는 모두 내부적인 원인이라고 봐야 한다. 그렇지 않으면 똑같은 상황에서 누구는 살아남고 누구는 사라지는 것을 설명할 방법이 없다.

내부적인 리스크는 다시 두 가지로 구분해볼 수 있다. 매출이 하락해서 발생하는 리스크와 손실이 증가해서 발생하는 리스크다. 매출이 하락하는 기업에는 여러 가지 문제가 발생한다. 우선은 현금흐름이 막히기 시작한다. 이로 인해 거래처에 결제가 늦어지고 대출상환의 압박이 들어온다. 심하면 직원들의 월급이 밀리기도 한다. 이 상황이 오래 지속되면 가장 위험한 상태가 찾아오는데 오너의 의욕이 떨어지는 것이다. 매출이 떨어지는 사업이 신바람 날 리가 없지 않겠는가.

하지만 매출이 낮거나 떨어지더라도 이익이 나면 어떨까? 손실 나지 않는 수준에서 회사를 운영할 수 있다면 힘들어도 그 시간을 버틸 수 있을 것이다. 그래서 매출이 적더라도 혹은 매출이 줄어들더라도 비용 절감과 절세를 통해 이익을 남기는 법을 알아야 한다.

기업의 리스크

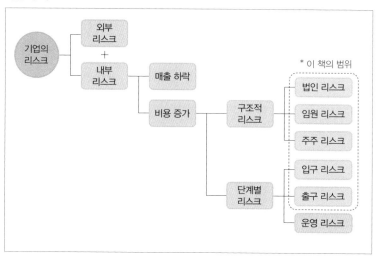

그렇다면 기업의 이익을 갉아 먹는 리스크는 어떤 것이 있을까? 나는 두 가지로 구분한다. 구조적 리스크와 단계별 리스크다. 구조적 리스크는 법인의 구조 때문에 발생하는 리스크를 말한다. 법인 사업의 당사자인 법인, 주주, 임원의 관계로 인해 발생하기 때문에 모든 법인 사업자에게 발생한다. 당연히 이 리스크는 개인 사업자에게는 발생하지 않는다.

태어나고 성장하고 사망하는 사람처럼 기업도 라이프사이클이 있다. 사업의 단계마다 서로 다른 리스크가 발생할 수 있다. 나는 이것을 단계별 리스크라고 부른다. 단계별 리스크는 위 그림처럼 입구 단계에서 발생하는 리스크와 운영 단계에서 발생하는 리스크, 출구 단계에서 발생하는 리스크로 구분해볼 수 있다.

이 책은 법인이라는 구조 때문에 발생하는 리스크와 법인의 입구 단계에서 발생하는 리스크 그리고 법인의 출구 단계에서 발생하는 리스크에 대해서 집중적으로 다룰 것이다.

S.M.A.R.T.하게 경영하라

리스크 관리는 결국 사람과 돈 관리가 핵심이다. 업력이 20~30년 이상 되는 경영자들을 만나서 무엇이 가장 힘들었는지를 물어보면 예외 없이 이 두 가지가 제일 힘들었다고 답한다.

돈 관리는 결국 비용 절감(Save Money)과 절세(Reduce Tax) 를 통해 리스크를 이익으로 바꾸는 것이다. 그래서 나는 이를 'S.M.A.R.T.(Save Money And Reduce Tax) 경영'이라 부른다.

S.M.A.R.T.경영에 관심을 갖고 비용 절감과 절세에 눈을 뜨면 리스크를 손실이 아닌 이익으로 바꿀 수 있다. 그렇게 되면 같은 매출이라도 더 큰 이익을 만들 수 있다. 그리고 같은 이익이라도 장부상

S.M.A.R.T. 경영

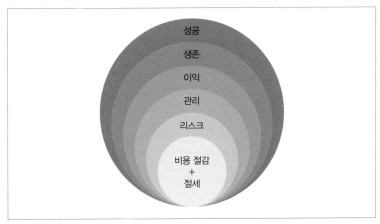

이익이 아닌 현금 이익으로 만들 수 있게 된다. 기업의 풍부한 현금 유동성은 여력과 여유를 만들어 위기에서 생존할 수 있는 에너지가 된다.

캐시, 리스크의 진짜 얼굴

리스크에 대한 오해

우리는 살면서 리스크라는 말을 수없이 듣는다. 특히 사업을 하는 사람이라면 더 그렇다. 하지만 리스크의 정확한 의미를 이해하지 못하는 경우가 많다. 그 이유는 아마도 영어 리스크(risk)가 우리말로 '위험'으로 번역되기 때문인 것 같다. 사실 부정적인 의미가 강한 우리말 '위험'은 영어로는 'danger'에 더 가깝다. 즉 영어로는 'risk'와 'danger'가 서로 다른 의미인데 우리말에서는 둘 다 '위험'으로 번역하기 때문에 리스크의 정확한 의미가 왜곡되고 있는 것이다.

리스크란 불확실성에 노출된 정도를 의미하며 부정적 상황 외에

리스크에 대한 오해

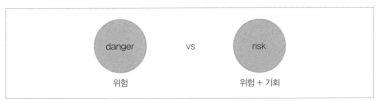

'긍정적 가능성'도 내포하고 있다. 특히 금융에서 많이 사용되는 리스크라는 용어는 불확실한 미래 상황에 노출된 상태를 말하는데 미래의 결과에 따라 좋을 수도 있고 나쁠 수도 있는 것을 말한다. 따라서 부정적인 결과만 발생시키는 위험(danger)과는 구분되어야 한다.

리스크는 현금이다

수출기업의 경우 앞으로 환율이 어떻게 변할지 모르는 상황을 가리켜 환리스크가 있다고 한다. 이 기업은 환율이 상승하면 유리해지고 하락하면 불리해진다. 하지만 더 중요한 것은 이런 환율의 상승과 하락을 어떻게 준비하고 대응하느냐다. 환율이 하락한다고 모든 수출기업이 손실을 보는 것은 아니다. 어떤 기업은 어쩔 수 없다는 말만 되풀이하며 환율변동에 무방비로 노출된다. 하지만 선물이나 스와프, 옵션 상품을 통해 환위험에 적극적으로 대응해 불리한 상황에서도 오히려 이익을 만드는 기업도 있다. 이렇게 적극적인 리스크 관리는 '현금'이라는 보상으로 돌아온다.

내가 리스크 관리를 아웃소싱하는 기업이 있다. 정부 및 공공기관, 지방자치단체를 대상으로 연구조사를 대행하는 회사다. 대표는 경영학 박사이고 경영관리를 매우 꼼꼼하게 하는 분이다. 3개월에 걸쳐 회사의 현황을 분석하고 리스크를 진단한 후 주주구성과 세무관리에 문제가 있음을 브리핑하고 해결점을 제시했다.

자유로운 회사 운영을 위해 지분 70% 이상을 확보하고 가지급금을 해결해야 했다. 문제는 약 3억 원 넘는 개인의 돈이 필요했다는 것이다. 하지만 결과적으로 이 돈을 부담하지 않고서도 문제를 해결할 수 있었고 덤으로 경정청구를 통해 2,000만 원 가까운 세금도 환급받게 되었다. 이익률이 5%인 이 회사가 2,000만 원의 현금을 만들려면 4억 원 넘는 매출을 올려야 한다. 리스크 관리만으로 개인적으로 3억 원의 돈을 아꼈고 회사는 매출 4억 원을 만든 것이나 다름없다.

이처럼 리스크는 기업과 오너에게 금전적인 손실을 줄 수도 있지만 잘 관리하면 오히려 이익을 늘릴 기회가 되기도 한다. 이런 리스크를 이해하고 관리하는 능력이 있는 기업은 그렇지 못한 기업에 비해 시장에서 생존할 가능성이 높을 수밖에 없지 않을까?

리스크는 피하는 게 아니라 관리하는 것이다

리스크는 위험과 기회의 두 얼굴을 가지고 있다. 리스크는 자신을 가볍게 여기지 않고 잘 관리하는 사람에게 손실이 아닌 이익을 선물한다. 하지만 리스크 관리를 남의 일, 나중 일, 별거 아닌 일로 여기는 사람은 언젠가 그 리스크 때문에 무너질 가능성이 높다.

기업의 리스크 관리는 현금이라는 보상으로 직결되는 만큼 숨어 있는 리스크를 찾아서 대비한 기업과 그렇지 않은 기업의 5년, 10년 후는 큰 차이로 나타날 것이다. 리스크는 피해야 하는 것이 아니라 관리해야 하는 것이다.

다음 장부터는 본격적으로 리스크 관리를 통해 위험을 기회로 바꾸고, 손실을 이익으로 아웃풋하는 방법을 설명하려고 한다. 모쪼록 끝까지 읽고 한 가지라도 자신의 사업에 적용해보길 바란다. 반드시 현금이라는 달콤한 열매로 돌아올 것이다.

2장

입구와
리스크

입구 리스크, 핵심은 사람이다

사업할 때 꼭 필요한 세 가지

20년 넘게 개인 사업을 한 회사 대표와 법인전환 상담을 하는 중이었다.

"그냥 애초부터 사업자를 하나로 통일하지, 왜 복잡하게 개인 사업자와 법인 사업자를 나누어서 이렇게 머리를 아프게 하는 거죠?"

한 번도 받아보지 못한 질문이었다. 현장에서는 웃어넘겼지만 질문이 계속 잊혀지지 않았다. '그러게. 왜 개인 사업자와 법인 사업자가 있는 것일까? 분명 사업자를 두 가지로 나누어 놓은 이유가 있지 않을까?'

사업과 리스크를 구조적으로 이해하는데 꽤 중요한 질문이라 생각하기에 지금부터는 이에 대한 답을 하려고 한다.

사업을 하려면 꼭 필요한 것이 무엇일까? 아이템, 돈, 사람. 이렇게 세 가지가 필요하다. 사업을 해본 경험이 있다면 모두 공감할 수 있을 것이다.

대개 사업을 시작할 때는 온통 아이템에만 신경 쓴다. 사업을 하기로 마음먹은 후 아이템을 찾을 수도 있고, 어느 특정한 아이템에 꽂혀서 사업을 꿈꿀 수도 있다. 아이템은 천차만별이고 무궁무진하다. 크게는 제조, 유통, 서비스 등으로 구분할 수 있지만 불법이 아니라면 누구나 자유롭게 자신이 원하는 아이템으로 사업을 할 수 있다.

하지만 아이템만 좋다고 사업을 시작할 수는 없다. 돈이 필요하다. 상담하다 보면 자신이 무일푼으로 사업에 뛰어들었고 맨손으로 자수성가했노라는 무용담을 가끔 듣는다. 근거가 없지는 않겠지만 말이 그렇지 정말 한 푼도 없이 사업을 시작할 수는 없다. 만약 내 돈이 없다면 남에게 빌려서라도 수중에 단돈 몇백만 원은 있어야 한다. 돈은 사업을 시작할 때만 필요한 것이 아니다. 사업을 하는 중에도 끊임없이 부족한 것이 돈이다.

그럼 아이템이 좋고 충분한 돈만 있다고 사업이 저절로 될까? 그럴 리 없다. 사람이 필요하다. 돈이 제품을 만들고 영업을 할 수는 없는 노릇이다. 사업의 모든 과정은 사람이 결정하고 사람이 몸을 움직여야 한다.

아이템, 돈, 사람, 이 세 가지를 제도적인 관점에서 구분해보면 아이템은 법적으로 제도화할 수 없다는 특징이 있다. 공산국가가 아닌 이상 강제적으로 사업 아이템을 배분하거나 일정한 절차를 거쳐 아이템을 정하도록 할 수는 없다. 누구나 자유롭게 본인이 원하는 아이템으로 사업을 할 수 있도록 보장해야, 다양하고 창의적인 비즈니스가 가능하고 국가적으로도 경쟁력이 높아진다.

사업을 할 때 꼭 필요한 세 가지

반면에 사업에 필요한 돈과 사람을 구성하는 것은 성격이 좀 다르다. 법으로 제도화할 수 있고, 제도화할 필요도 있다. 공정한 경쟁과 시장의 발전을 위해서라도 국가가 시스템을 만들어줘야 한다. 제멋대로 하도록 만들면 비효율과 불공정이 초래될 수 있기 때문이다. 시장실패가 발생할 수 있는 것이다.

결정 1: 누구의 돈으로 할 것인가

사업을 할 때 돈이 필요하다는 것은 누구도 부정할 수 없다. 문제는 누구의 돈으로 하느냐인데 내 돈으로만 하는 방법과 여러 사람의 돈을 모아서 하는 방법이 있다. 여기서 여러 사람의 돈을 모은다는 의미는 빌리는 것이 아니라 투자를 받는 것을 의미한다.

자금이 충분해서 자기의 돈으로만 사업을 시작할 수 있다면 다행이겠지만 그러기는 쉽지 않다. 자금이 부족하면 외부에서 조달해야 하는데 빌릴 수도 있고 투자를 받을 수도 있다. 이때 사업에 필요한 자금을 빌려준 사람은 채권자, 투자해준 사람은 주주가 된다.

채권자에게 빌린 돈은 원금과 이자를 갚아야 하는 의무가 생긴다. 대신 빌린 돈은 채무자가 마음대로 사용할 수 있다. 인건비로 지출

누구의 돈으로 할 것인가

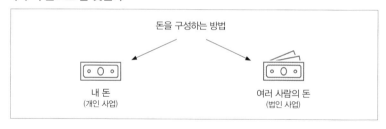

하건, 기계를 사건, 다른 빚을 갚는 데 쓰건 상관이 없다. 빌린 돈의 사용권은 법적으로 채권자가 아닌 채무자에게 있기 때문이다.

하지만 주주로부터 투자받은 돈은 빌린 돈과 법적인 성질이 다르다. 투자금은 부채와 달리 원금과 이자를 갚을 의무가 없다. 그 대신 소유권과 사용권은 주주에게 있다. 투자받은 돈을 어떻게 활용할지 결정할 때는 반드시 투자자의 동의를 받아야 한다. 일정 부분은 위임을 통해 재량권을 부여할 수 있지만 원칙적으로 투자자의 허락 없이 함부로 돈을 사용할 수 없다. 펀드에 가입하거나 투자를 맡겨본 경험이 있다면 쉽게 이해할 수 있을 것이다.

주주는 투자자로서 회사의 주인이기 때문에 주주의 허락 없이 함부로 돈을 쓰면 안 된다. 그렇다고 투자받은 돈을 쓸 때마다 주주의 허락을 받는 것은 아니다. 위임계약이라는 법적인 절차를 통해 임원이 재량껏 사용할 수 있지만 중요한 사안인 경우는 반드시 주주의 동의를 얻어야 인정되도록 하는 법적인 장치가 있다. 재무상태표에는 채권자의 돈은 부채로, 주주의 돈은 자본으로 표시한다.

사업을 시작하고 매출이 적을 때는 누가 주주인지가 크게 중요하지 않을 수 있다. 그래서 창업자들은 쉽게 동업을 하기도 하고 주주

재무상태표의 의미

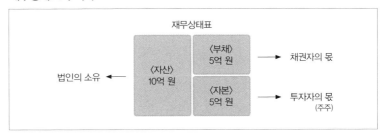

를 어떻게 구성하느냐도 깊이 고민하지 않는다. 하지만 리스크 측면에서 주주구성의 문제는 시간이 지날수록 위험이 커지고 해결하는데 비용이 많이 들어가는 골칫거리다. 누구의 돈으로 할 것인가의 문제는 쉽게 결정할 것이 아니라 처음부터 신중하게 고민해야 할 사안이다(주주구성에 대한 내용은 5장에서 더 자세히 다룰 것이다).

결정 2: 누가 결정할 것인가

아이템이 좋고 돈이 넉넉하다고 사업이 진행되지는 않는다. 수없이 많은 결정을 내려야 하는 것이 사업인데 누가 이 결정을 하는지가 성패의 관건이 될 수 있다. 경영적인 판단과 결정을 할 사람을 구성하는 방법은 제도적으로 크게 두 가지가 있다. 내가 단독으로 결정하는 것과 여러 사람이 결정에 동참하는 것이다.

상법에서는 법인의 거래와 관련된 결정을 하는 사람을 '임원'이라고 부른다. 임원은 주주의 위임을 받아 경영적인 판단과 결정을 하고 책임 지는 역할을 한다. 법인의 임원은 필요한 경우에 따라 제한 없이 둘 수 있다. 삼성전자의 경우 2021년 3분기 공시를 기준으로

누가 결정할 것인가

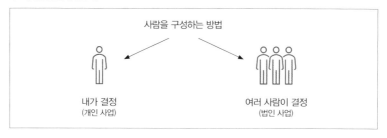

임원이 641명이다(임원에 대해서는 5장에서 자세히 다루겠다).

결국은 사람이 핵심이다

지금 우리는 사업의 입구 단계에서 발생할 수 있는 리스크에 대해 알아보고 있다. 첫 단추를 잘 꿰어야 하는 것처럼 사업을 시작할 때 개인 사업으로 할지, 법인 사업으로 할지를 결정하는 것부터 제대로 해야 한다. 그래서 개인 사업과 법인 사업의 차이를 제대로 구분하는 것이 중요하다. 어렵지 않다. 핵심은 돈과 사람을 어떻게 구성하는지 이해하는 것이다. 누구의 돈으로, 누가 결정하는지에 따라 기업의 형태가 달라지고 이 때문에 향후 발생하게 될 리스크도 크게 달라진다. 물론 여러 사람의 돈을 모아 여러 사람이 결정하는 시스템이 더 리스크가 높을 수밖에는 없다.

지금까지 설명한 내용의 키워드는 모두 '사람'과 관련 있다는 것을 주목해야 한다. 개인, 법인, 주주, 임원 모두 법적으로 사람(人)이다. 결국 사업은 사람으로 시작해서 사람으로 끝난다.

개인 사업

내 돈으로 내가 결정하려면 개인으로

개인으로 할까, 법인으로 할까

아이템을 결정하고 본격적으로 사업을 시작할 때 제일 먼저 해야할 일은 사업자등록을 하는 것이다. 사업자는 개인 사업자와 법인 사업자 중에 하나로 결정해야 한다. 누구는 개인으로 하는 것이 편하다고 하고, 누구는 법인으로 하는 것이 나중을 위해서 더 낫다고 하는데 정보도 부족하고 경험도 없기 때문에 판단이 잘 서지 않을 것이다.

사실 개인기업이나 법인기업이나 시장에 필요한 상품과 서비스를 만들어 파는 것은 동일하다. 하지만 사업을 하는 형식은 좀 다르다. 옷으로 비유하자면 개인 사업자가 캐주얼을 입는 것이라면 법인 사업자는 양복을 입는 것으로 이해하면 좋을 것이다. 양복을 입는 것은 여러 가지로 불편한 구석이 있지만 꼭 입어야 할 때가 있다. 결혼식이나 상 받는 자리에 트레이닝복을 입고 갈 수는 없지 않은가. 마찬가지로 여러 가지 제약이 있고 복잡하게 생각되지만 법인으로 사업을 해야 하는 경우가 있는 것이다.

일반적으로 개인 사업에 비해 법인 사업의 리스크가 좀 더 크고 복잡하다. 그래서 법인 사업을 하려면 그 구조를 알아야 하는데 이것이 쉽지는 않다. 법인을 몇십 년 동안 운영했어도 등기, 정관, 임원, 주주, 해산, 청산 등의 개념들을 제대로 이해하고 있는 오너가 많지 않다.

개인기업의 대표는 보수와 퇴직금이 없는데 법인기업의 대표이사에게는 보수와 퇴직금이 있다. 왜 이런 차이가 발생하는지 알고 있는가? 몰라도 매출 올리고 사업하는 데 지장이 없다고 할지 모르지만 이런 차이를 아는 것은 법인기업의 오너에게 중요한 문제다. 알고 모름에 따라 비용과 세금이 몇억 원씩 차이가 날 수도 있기 때문이다.

개인 사업은 내 돈으로 내가 결정하는 시스템이다

앞에서 사업을 시작하는 단계에서는 '누구 돈으로 할 것인가'와 '누가 결정할 것인가'가 가장 중요한 이슈라고 말했다. 이것이 바로 개인 사업과 법인 사업을 구분하는 키워드다.

개인기업은 '내 돈'을 가지고 '내가 결정'하는 시스템이다. 그러니 개인 사업자는 만들기도 쉽고 없애기도 쉬우며, 의사결정을 하기도, 돈을 사용하기도 자유롭다. 세금만 잘 낸다면 회계처리를 어떻게 하건 사업자 통장의 돈을 어떻게 사용하건 별로 관여하지 않기 때문이다. 물론 개인 사업자도 일정 규모 이상으로 매출이 늘어나면 법적인 규제가 강화되기는 하지만 법인에 비해서는 상대적으로 자유로운 운영이 가능하다.

개인 사업의 구조

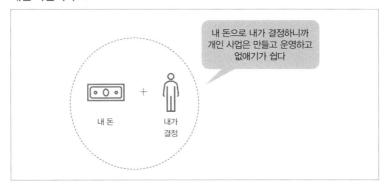

내 돈

내가
결정

내 돈으로 내가 결정하니까
개인 사업은 만들고 운영하고
없애기가 쉽다

법인은 여러 사람의 돈으로 여러 사람이 결정한다

하지만 개인 사업으로는 성장에 한계가 있다. 아무리 뛰어나도 개인의 자본력과 능력만으로 삼성전자와 같이 큰 회사를 만들 수는 없다. 고용과 투자를 늘리고 경제를 활성화하기 위해서는 보다 큰 규모의 기업이 많아져야 하는데 개인기업 시스템만으로는 이것이 불가능하다. 그래서 법인기업이라는 제도를 통해 '여러 사람의 돈'으로 '여러 사람이 결정'할 수 있는 시스템을 만든 것이다.

법인에 사업을 하라고 돈을 투자한 사람들을 '주주'라 하고 사업상 중요한 결정을 내리고 책임지는 역할을 하는 사람들을 '임원'이라고 한다. 상장된 법인의 경우 주주가 수십만 명이 될 수 있고 임원도 수백 명이 되기 때문에 이해관계가 복잡하게 얽혀 있어 함부로 만들고 없애기가 어렵다. 또 아무리 오너라도 중요한 결정을 할 때는 반드시 법적인 절차와 방법을 따라야 한다.

법인 사업의 구조

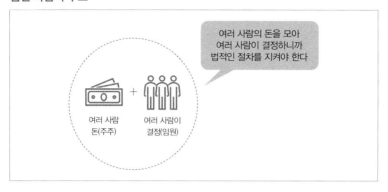

시작은 개인 사업으로

만약 사업 초기에 투자를 받거나 동업을 하는 경우, 또는 사업에 경험이 있고 단기간에 규모가 커질 것으로 예상이 되는 경우라면 법인으로 사업을 시작하는 것이 좋다. 그게 아니라면 처음부터 법인 사업을 하는 것에 신중할 필요가 있다. 개인 사업으로 시작해도 나중에 얼마든지 법인 사업으로 바꿀 수 있기 때문에 굳이 복잡하고 비용이 많이 드는 법인으로 사업을 시작할 필요가 없다고 생각한다.

법인은 만들고 운영하고 없애는 과정이 개인 사업에 비해 복잡하고 까다롭다. 사업을 시작할 때 개인기업은 세무서에 사업자등록만 신청하면 만들 수 있지만 법인기업은 일정한 요건을 갖춰 먼저 법원에 법인설립등기를 마쳐야 사업자를 등록할 수 있다.

사업을 정리할 때도 개인은 폐업신고만으로 사업을 접을 수 있지만 법인은 해산등기와 청산등기라는 법적인 절차를 거쳐야 폐업이 가능하다. 개인 사업은 폐업 후에 추가적인 세금이 발생하는 경우가

개인 사업과 법인 사업의 단계별 차이

구분		개인 사업	법인 사업
설립		• 단순함(사업자등록만 하면 됨) • 설립비용이 거의 들지 않음	• 복잡함(상법에 따른 법인설립) • 등기비용, 등록세, 채권매입 등의 설립비용 발생
운영	장점	• 의사결정이 신속함 • 기업주 활동이 자유로움 • 회사 운영상의 비밀유지가 용이함	• 대외 공신력이 높음 • 자본조달 방법이 다양함 • 재산(주식)의 이전이 용이함 • 소유와 경영의 분리가 가능함 • 자본의 증가가 용이함
	단점	• 자본조달의 통로가 제한적임 • 대표가 단독으로 무한책임을 짐 • 기업의 영속성이 결여되기 쉬움 • 규모가 커질수록 세부담 과중	• 의사결정 체계가 복잡함 • 기업 활동에 제약이 따름 • 법상 규제가 증가함
보상		• 대표의 급여는 비용 인정 안 됨 • 배당 불가능 • 퇴직금 불가능	• 대표의 급여를 비용으로 처리 • 주주에게 배당이 가능함 • 퇴직금 가능하고 비용 인정 됨
청산		• 단순함(사업자 폐업) • 비용이나 추가적인 세부담 없음	• 복잡함(법인 청산+사업자 폐업) • 비용과 추가적인 세부담 발생

없지만 법인은 청산과정에서 법인세와 소득세가 추가로 발생할 수 있기 때문에 더 신중할 필요가 있다.

법인설립

여럿이 함께 하려면 법인으로

법인 사업이 나은 세 가지 경우

내 돈으로 내가 결정하고 싶은 사람은 개인 사업을 하면 된다. 그리고 개인 사업은 언제든지 법인으로 바꿀 수 있기 때문에 되도록 개인 사업으로 시작할 것을 앞에서 권했다. 그런데도 법인으로 사업을 시작하는 것이 나은 경우가 있다.

첫째, 법인기업의 취지에 맞게 여러 사람의 돈을 모아서 좀 더 큰 비즈니스를 하고 싶은 경우다. 내가 상담한 고객 중에는 아예 처음부터 상장을 목표로 사업을 시작한 회사가 있다. 창업 3년 만인 2020년에는 매출 160억 원을 넘었고 대규모 외부투자도 진행하는 중이다. 이런 경우라면 당연히 처음부터 법인으로 사업을 시작하는 것이 맞다.

둘째, 가족기업을 운영하는 경우다. 우리나라 중소기업은 대부분 오너를 중심으로 운영되는 가족기업이다. 이렇게 가족이 사업에 동참해야 하는 경우라면 처음부터 법인으로 사업을 시작하고 주주와 임원을 가족으로 구성하는 것도 좋은 방법이다. 개인 사업에 비해 법인 사업이 절세와 승계에 유리할 수 있기 때문이다.

마지막으로 동업을 하는 경우라면 법인 사업으로 시작하는 편이 낫다. 동업은 돈을 함께 투자하기도 하지만 기술이나 아이디어를 투자하는 경우도 있기 때문에 사업에 대한 지분을 어떻게 구성할지, 누가 결정을 하고 책임을 질지를 처음부터 정하는 것이 중요하다. 이런 경우라면 주주와 임원이라는 제도를 통해 지분과 보상, 결정과 책임을 법적으로 명확히 할 수 있는 법인으로 사업을 하는 것이 더 나을 수 있다.

법인기업은 삼각형 구조를 이해해야 한다

법인을 하기로 결정했다면 이로 인해 발생할 수 있는 리스크에 대해서 미리 알아둘 필요가 있다. 법인으로 사업을 할 때 발생하는 리스크의 원인은 크게 두 가지다. 첫째는 주주와 임원 같은 법인기업의 구조 때문에 리스크가 발생하는 경우다. 둘째는 입구와 출구같이 사업의 단계별로 서로 다른 리스크가 발생하는 경우다.

첫 번째 리스크를 이해하기 위해서는 기본적으로 법인의 구조를 알아야 한다. 다음 페이지 그림처럼 법인 사업은 법인과 주주, 임원 세 사람의 이해관계자가 함께 하는 사업이라고 생각하면 쉽다. 이 그림은 이 책의 내용을 이해하는 뼈대이기 때문에 눈여겨봐야 한다.

먼저 법인에 대해 살펴보자. 법인 사업은 법인이 사업을 하는 주체다. 모든 것을 법인의 명의로 하고 이익에 대해서는 법인세를 납부한다. ㈜삼성전자는 법인의 이름으로 땅을 사고, 공장을 짓고, 사

법인기업의 구조

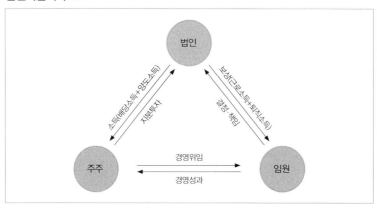

람을 고용해 반도체 등을 만들어 판다. 세금도 당연히 ㈜삼성전자의 이름으로 법인세를 납부하는 것이다. ㈜삼성전자의 임원이나 주주가 행위가 주체가 되는 것이 아니라는 말이다.

다음으로 주주는 자본을 투자하고 이에 대한 표시로 지분만큼의 주식을 받는다. 주주는 회사의 주인으로서 자신의 지분만큼 법인을 소유하고 의사결정에 참여할 수 있다. 주식은 재산권을 표시한 증권이므로 자유롭게 사고팔 수 있으며 배당에 대한 권리를 가진다. 주주는 이 주식을 통해 양도소득과 배당소득을 얻을 수 있다. 최악의 경우 주주의 책임은 본인이 투자한 금액을 손해 보는 것으로 한정된다.

마지막으로 임원은 주주를 대신해 회사를 경영하는 사람이다. 법인의 주인은 주주라고 했는데, 만약 모든 주주들이 회사에 나와 의논하고 결정하려고 한다면 어떻게 될까? 비효율적일 것이다. 그래서 주주들은 자신들을 대신해 기업을 경영할 사람을 뽑는다. 그 사람이 바로 임원이다. 임원은 법적으로 위임직이라고 하는데 주주로부터 법인의 경영을 위임받았기 때문이다. 임원은 경영, 즉 결정하고 책임지는 것에 대해 보수와 퇴직금 등의 보상을 받을 수 있다.

법인의 구조 때문에 리스크가 발생한다

법인 사업의 리스크를 줄이고 이익을 극대화하기 위해서는 법인, 주주, 임원의 관계를 잘 이해해야 한다. 주주와 임원이 모두 가족으로만 구성된 기업의 경우 이런 법적인 구분을 명확하게 하지 않으면 불이익을 받을 수 있다. 반면 법인의 구조를 잘 이해하고 활용한다면 손익거래에서는 손실이 나더라도 자본거래를 통해 오히려 이익을 만들 수 있는 방법도 있다.

법인의 제도 때문에 발생하는 리스크

법인의 리스크는 대부분 상법과 세법의 제도와 관련 있다. 법인은 사람처럼 실물이 존재하지 않기 때문에 법인의 실체를 확인하려면 법인의 등기부등본, 정관, 규정 등을 통해서만 파악할 수 있다. 매년 정기적으로 이 서류들을 검토하고 리스크를 진단해볼 것을 권한다. 왜냐하면 관련 법이 해마다 바뀌는데 변경된 법조문 한 줄 때문에 세금 부담이 몇억 원씩 차이가 날 수 있기 때문이다(법인의 등기부등본, 정관, 규정에서 발생할 수 있는 리스크는 3장에서 다룬다).

임원의 보상 때문에 발생하는 리스크

임원의 리스크는 모두 보상과 관련이 있다. 임원의 역할을 하고 받을 수 있는 보상은 보수와 퇴직금 그리고 각종 보상금이 있다. 이

법인기업의 구조 때문에 발생하는 리스크

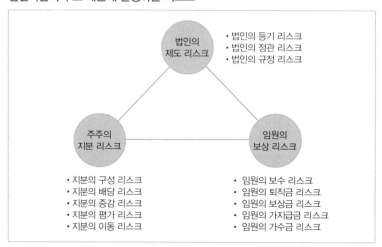

러한 보상이 법적으로 인정받으려면 상법의 형식적 요건과 세법의 실질적 요건을 모두 갖추어야 한다. 그렇지 않으면 법적으로 정당한 비용과 소득으로 인정받을 수 없다.

가수금, 가지급금 등과 같이 임원과 법인의 금전거래에 관해서는 매우 주의하지 않으면 불필요한 비용과 세금을 부담해야 하는 경우가 발생한다. 개인과 법인을 명확하게 구분하지 않아서 발생하는 가수금과 가지급금에 대한 문제를 이 책에서는 역보상이라고 설명한다(임원의 보수, 퇴직금, 보상금과 가지급금, 가수금 때문에 발생할 수 있는 리스크는 4장에서 다룬다).

주주의 지분 때문에 발생하는 리스크

주주의 리스크는 모두 지분과 관련되어 있다. 지분을 구성하는 단계에서 차명주주, 과점주주, 단독주주를 만드는 경우 향후 막대한 세금이 발생할 수도 있고 심한 경우 기업을 계속 경영하지 못하게 되는 경우도 있다.

지분을 증자하거나 감자하는 단계에서도 주의해야 한다. 주주구성에 따라 부주의한 경우 증여세를 부과받을 수 있기 때문이다.

중소기업은 배당을 거의 하지 않는데 이로 인해 더 큰 이익을 놓치는 경우가 많다. 또 차명주주와 같이 적절하지 못한 지분구성 때문에 배당을 하고 싶어도 못하는 경우도 있다. 하지만 배당을 잘 활용하면 단기적으로는 소득세를 낮추고 장기적으로는 상속세와 증여세를 아끼는 효과를 볼 수도 있다.

비상장기업의 주식이라도 매년 주식의 가치를 평가하고 이로 인해 발생할 수 있는 세금을 추산해봐야 한다. 그리고 이를 조절해 절세할 전략을 세우면 몇억 원의 세금을 손쉽게 아낄 수도 있다.

지분을 상속하거나 증여할 때 발생하는 상속세와 증여세는 최대 50%의 명목세율로 우리나라에서 가장 무거운 세금이기 때문에 평소 이에 대한 대비가 없다면 큰 대가를 치를 수도 있다(주주의 구성, 지분의 배당, 증자와 감자, 주식평가와 이동에서 발생할 수 있는 리스크는 5장에서 다룬다).

법인의 라이프사이클 때문에 리스크가 발생한다

법인도 개인처럼 태어나서 성장하고 결국 사망하는 생애주기가 있다. 다른 점이라면 사람은 언젠가 반드시 죽지만 기업은 그렇지 않다는 것이다. 그렇다면 세계에서 가장 오래 생존한 기업은 어디일

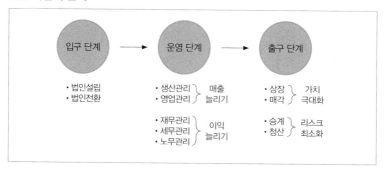

까? 578년에 설립된 일본의 건축회사 '곤고구미'로 무려 1,400년 넘게 유지되었다. 기업은 경영하기에 따라 그 수명이 달라지는 것이다.

법인의 생애주기는 입구, 운영, 출구 단계로 구분해볼 수 있다. 이런 법인의 생애주기 단계마다 다음과 같은 다양한 리스크들이 발생할 수 있다.

입구 단계에서 발생하는 리스크

법인을 시작하는 방법은 두 가지인데 신규로 설립을 하거나 운영하던 개인기업을 법인기업으로 전환하는 것이다. 법인을 신규설립할 때 S.M.A.R.T. 관점에서 가장 신경 써야 할 것은 주주를 구성하는 문제다. 정관이나 임원 구성, 자본금 납입과 같은 문제는 행정적인 절차를 통해 언제든 수정할 수 있고 비용도 크게 발생하지 않는다. 하지만 주주는 재산권과 관련이 있기 때문에 나중에 지분을 이동하려면 절차도 복잡하고 세금 등의 비용도 많이 발생한다.

법인에서 발생하는 리스크 중에 비용과 세금이 가장 많이 드는 것이 차명주주, 단독주주, 증자, 감자, 주식평가, 양도, 상속, 증여, 가업승계다. 이를 자본거래라 하는데 모두 주주의 지분과 관련되어 있다. 따라서 법인의 신규설립 단계에서 주주구성은 신중하게 결정하지 않으면 호미로 막을 것을 가래로 막아야 하는 사태가 벌어질 수 있다. 반드시 경험이 많은 전문가와 상의하고 충분한 정보를 바탕으로 결정해야 할 문제다.

법인 사업을 시작하는 또 다른 방법은 개인 사업을 법인으로 전환하는 것이다. 국세청 통계를 보면 매년 약 5,000건 정도 개인 사업자의 법인전환이 이루어지고 있다. 개인 사업을 법인으로 전환하는 이유는 기업의 지속 가능한 성장과 가업승계, 성실신고확인제 등의 이유 때문이다(법인설립과 법인전환의 단계에서 발생하는 리스크에 대해서는 2장에서 다루고 있다).

운영 단계에서 발생하는 리스크

법인 운영의 핵심은 경영관리다. 주요 경영관리 활동에는 생산관리, 영업관리, 재무관리, 세무관리, 노무관리가 있는데 이 중에서 생산관리, 영업관리는 매출을 늘리기 위한 관리 활동이고 재무관리, 세무관리, 노무관리는 리스크를 줄여 이익을 늘리기 위한 활동으로 구분할 수 있다.

S.M.A.R.T. 관점에서는 이익을 높일 수 있는 재무관리, 세무관리, 노무관리가 주요 관심대상이다(재무관리, 세무관리, 노무관리에서 발생하는 리스크에 대해서는 전문가와 함께 별도의 책을 만들 예정이다).

출구 단계에서 발생하는 리스크

인간의 라이프사이클을 리스크의 관점에서 보면 크게 두 가지 시나리오가 가능하다. 생각지도 못하게 일찍 죽거나 생각보다 오래 사는 것이다. 사람과 달리 법인의 경우는 출구 단계에서 네 가지 시나리오가 가능하다. 상장, 매각, 승계, 청산이다.

법인을 설립해 상장하는 것은 정말 꿈 같은 일이지만 대부분의 중소기업에는 해당하지 않는 이야기다. 내 회사를 누군가에게 높은 가격으로 매각하는 것이 가장 행복한 시나리오인데 아직 우리나라는 중소기업의 M&A 시장이 전무한 상황이므로 이것도 쉽지 않다. 그래서 가장 현실적인 출구 전략은 가업승계나 법인 청산이 될 수밖에 없다.

상장이나 매각을 할 때는 기업의 가치를 극대화해야 하기 때문에 매출과 이익을 높일 수 있는 전략을 구사한다. 이에 반해 승계하거나 청산할 때는 리스크를 최소화해야 하기 때문에 비용과 세금을 줄일 수 있는 전략을 구사해야 한다(가업승계와 법인 청산 단계에서 발생하는 리스크에 대해서는 6장에서 다룬다).

법인전환

법인으로 바꾸어야 하는 세 가지 이유

앞서 설명했듯이 기업의 형태는 개인과 법인 두 가지가 있다. 사업을 시작하는 사람은 반드시 이 중에 하나를 결정해야 하는데 특별한 이유가 없다면 개인 사업으로 시작하는 것이 좋다. 왜냐하면 개인기업은 언제든지 법인으로 전환하는 것이 가능하기 때문이다.

당신이 법인전환을 고민하는 개인 사업자라면 지금부터 설명할 '왜 법인으로 전환해야 하는가?'에 대해서만 이해해도 의사결정에 도움이 될 것이다. '어떻게 법인으로 전환하는가?'에 대한 방법은 실무자나 전문가로부터 도움을 받은 것이 좋을 것 같다.

법인전환을 해야 하는 이유 1: 성장

법인전환에 관심을 갖는 개인 사업자가 증가하는 이유는 무엇보다 '성실신고확인제'의 영향이라고 볼 수 있다. 성실신고확인제란 수입금액이 업종별로 일정 규모 이상인 개인 사업자가 종합소득세를 신고할 때 장부기장 내용의 정확성 여부를 세무사 등에게 확인받은

성실신고확인대상자

구분	수입금액 (~13년도 귀속)	수입금액 (~17년도 귀속)	수입금액 (~18년도 귀속)
1. 농업·임업 및 어업, 광업, 도매 및 소매업(상품중개업 제외), 부동산매매업, 그 밖에 제2호 및 제3호에 해당하지 아니하는 사업	30억 원 이상	20억 원 이상	15억 원 이상
2. 제조업, 숙박 및 음식점업, 전기·가스·증기 및 공기조절 공급업, 수도·하수·폐기물처리·원료재생업, 건설업(비주거용 건물 건설업 제외), 부동산 개발 및 공급업(주거용 건물 개발 및 공급업에 한함), 운수업 및 창고업, 정보통신업, 금융 및 보험업, 상품중개업	15억 원 이상	10억 원 이상	7억 5,000만 원 이상
3. 부동산임대업, 부동산업(부동산매매업은 제외), 전문·과학 및 기술서비스업, 사업시설관리·사업지원 및 임대서비스업, 교육 서비스업, 보건업 및 사회복지 서비스업, 예술·스포츠 및 여가관련 서비스업, 협회 및 단체, 수리 및 기타 개인 서비스업, 가구내 고용활동, 사업서비스업	7억 5,000만 원 이상	5억 원 이상	5억 원 이상

출처: 국세청

후 신고하는 제도다. 이 제도는 법인의 외부감사제도와 유사하다.

국세청의 〈국세통계연보〉에 따르면 2013년 성실신고확인 신고자는 67,937명이었는데 2019년에는 213,059명으로 약 3배 이상 증가했다. 왜 성실신고확인 대상자가 큰 폭으로 늘어나는 것일까? 이유는 업종별 대상수입의 기준이 위 표와 같이 계속 줄었기 때문이다.

다행인 것은 원래 2020년부터 제조업 기준으로 수입금액이 5억 원까지 낮아질 예정이었으나 코로나 등 불황의 영향으로 시행되지는 않고 있다는 점이다. 하지만 언젠가는 이 기준이 10억 원, 5억 원, 3억 원으로 낮아질 가능성이 크기 때문에 일정한 규모 이상의 개인

성실신고확인 주요 내용

구분	주요 확인내용(예시)
수입금액	현금 수입금액 누락 여부
유형자산	해당 법인 이외 타인이 주로 사용하는지 여부
대여금	특수관계인에게 업무와 관계없이 대여하는지 여부
매출채권 및 매입채무	특수관계인 채권 지연회수 여부 원재료, 소모품 등 구매한 물품의 실물이 없는 매입채무 존재 여부
선급금 및 선수금	특별한 사유없이 선급금으로 계상했는지 여부 실제 매출이 발생했음에도 선수금으로 계상했는지 여부
지출증명서류 합계표	3만 원 초과 거래에 대한 적격증빙 비치 여부 3만 원 초과 거래에 대한 장부상 금액과 적격증빙금액 일치 여부 현금지출 항목 또는 적격증빙 없는 항목에 대한 업무무관 여부
인건비	실제 근무하지 않은 특수관계인에게 지급한 인건비 해당 여부
차량유지비	업무용 차량 수를 고려할 때 과다계상된 주유비 지출 여부 사업규모·근무자 수에 비해 과다한 차량에 대한 주유비 지출 여부 법인의 특수관계인의 소유 차량에 대한 주유비 지출 여부
통신비	특수관계인 등의 명의로 지급한 통신비 해당 여부 업무와 관련 없는 통신기기에서 발생하는 통신비 해당 여부
복리후생비	접대성 경비를 복리후생비로 계상 여부 특수관계인의 개인용도로 지출한 비용을 복리후생비로 계상 여부 접대 목적 또는 대표자 사적 사용한 상품권 해당 여부
접대비	국내관광지 및 해외 여행 지출 경비 해당 여부 업무와 관련이 없는 유흥주점 지출 경비 해당 여부
이자비용	채권자가 불분명한 차입금에 대해 계상한 이자비용 여부 업무무관자산을 취득하기 위한 차입금에 대해 계상한 이자비용 여부
감가상각비	업무와 관련이 없는 자산에 대한 감가상각비 계상 여부
건물관리비	특수관계인이 사용하는 건물의 관리비 계상 여부
지급수수료	업무와 관련 없는 부동산 취득에 따른 관련 수수료 여부

사업자라면 피할 수 없는 제도가 될 것이다.

그런데 성실신고확인제와 법인전환은 무슨 관계가 있을까? 성실 신고확인제가 개인 사업자를 대상으로 하는 제도이기 때문에 대상 자가 되지 않기 위해서는 법인으로 전환하는 솔루션밖에 없기 때문이다. 만약 성실신고확인 대상자가 되면 위 표와 같이 관련 내용을 담당 세무사로부터 확인받아야 하는데 이는 사업자와 세무사 모두에게 부담스럽다. 그래서 법인으로 전환하는 것을 고민하는 개인 사업자가 점점 더 늘고 있는 것이다.

최초 이 제도가 시행될 때는 개인 사업자만이 대상이었다. 하지만 성실신고를 피하기 위해서 법인으로 전환하는 사례가 늘어나자 정부는 성실신고확인 대상자가 법인으로 전환해도 이후 3년 동안은 성실신고를 해야 하는 것으로 법을 변경했다. 따라서 기왕 법인전환을 고려하고 있다면 성실신고확인 대상자가 되기 전에 법인으로 바꾸는 것이 좋겠다.

그런데 이런 의문이 생길 수 있다. 성실신고확인제의 대상이 되더라도 낼 거 다 낸다면 개인 사업자로 계속 사업을 해도 되지 않을까? 물론 그럴 수도 있지만 오랜 경험상 말리고 싶다. 다음에서 설명하는 절세와 승계 차원의 이유도 있지만 우선 성장의 관점에서만 이유를 설명해 보겠다.

세무적인 리스크를 줄이는 원칙은 크게 두 가지다. 첫째, 눈에 띄지 마라. 둘째, 쪼개라. 세법의 세부적인 내용을 몰라도 이 내용만 잘 이해한다면 절세 전략을 짜거나 전문가와 이야기를 나눌 때 큰 도움이 될 것이다.

절세를 하려면 우선 과세관청의 눈에 띄지 않는 것이 중요하다. 근거 없는 노하우나 카더라 통신이 아니다. 지금부터 이유를 설명하겠다.

정부기관을 상대해야 하는 행정법은 절차를 중요하게 생각한다.

절세의 원칙

예를 들어보자. 당신이 법원이나 관공서에 갈 때 네 가지 서류가 필요한데 이 중에서 하나의 서류를 빼먹었다면 신고를 받아줄까? 아니면 돌아와 그 서류를 다시 챙겨가야 할까? 물어보나 마나 필요서류를 다시 가져오라고 할 것이다. 이것이 절차법의 특징이다. 절차를 지켜야 결과를 인정하는 것이다.

하지만 세법은 절차보다 실질을 더 중요하게 여긴다. 아무리 절차상 하자가 없더라도 탈세가 의심되면 과세관청은 소명자료를 요청하고 과세를 할 수 있다. 그래서 세무공무원이 무서운 것이다. 실질인지 아닌지를 판단하는 것이 세무공무원의 역할이고 권한이기 때문이다.

예를 들어보자. 당신에게 시세 5억 원의 아파트(2억 원에 구입)가 있는데 자녀가 결혼할 때 이 집을 주고 싶다. 5억 원 아파트를 그냥 주면 얼핏 계산해도 증여세가 많이 나올 것 같아서 자녀와 매매를 하기로 했다. 2억 원에 산 아파트를 자녀에게 2억 원에 팔면 당신은 양도세 부담이 없어서 좋고 아들은 증여세를 안 내서 좋을 거라 생각한 것이다. 당신이 만약 세무공무원이라면 이 경우를 절세라 볼 것인가? 탈세라 판단할 것인가? 상식적으로 증여를 의심하지 않겠는가? 그런데 만일 똑같은 아파트를 전혀 모르는 남에게 급전이 필요

성실신고확인 신고자 규모 및 추이

(단위: 명)

구분	2014년	2015년	2016년	2017년	2018년	2019년
성실신고확인 신고자(A)	132,602	138,095	144,985	150,559	208,670	213,059
종합소득세 확정신고자(B)	5,052,552	5,482,678	5,874,671	6,393,891	6,911,088	7,469,635
성실신고확인 신고비율(A/B)	2.6%	2.5%	2.5%	2.4%	3.0%	2.9%

출처: 〈국세통계연보〉, 국세청

해서 2억 원에 팔았다면 어떨까? 특별한 경우가 아니라면 증여라고 의심하기는 힘들 것이다.

국세법령정보시스템(txsi.hometax.go.kr)의 세금 관련 판례, 예규, 답변 등을 읽어보면 가장 많이 볼 수 있는 문장이 바로 '사실판단할 사항입니다'이다. 이런 이유로 세법을 실질법이라고 하는 것이다. 그러므로 절세의 기본은 과세관청의 눈에 띄지 않는 것에서부터 출발해야 한다.

그런데 성실신고확인 대상자가 되면 눈에 띄지 않을 방법이 없다. 종합소득세를 신고하는 개인 사업자는 2019년 기준으로 7,469,635명이다. 이 중에서 매출이 커서 성실신고확인 신고를 한 개인 사업자는 몇 명이나 될까? 213,059명이다. 전체의 2.9%밖에 되지 않는다. 당신이 만약 세무서의 소득세과 담당자라면 누구를 더 자세하게 들여다볼까? 매출이 적은 개인 사업자일까? 매출이 큰 성실신고확인 대상자일까? 물어보나 마나 한 질문이다. 이런 이유로 성실신고확인 대상자가 되면 절세를 하기 힘들어지는 것이다.

그렇다면 법인으로 바꾸는 것이 왜 절세에 유리할까? 개인 사업자로서 매출 10억 원이 넘으면 상위 3% 안에 드는 매출이지만, 법인 사업자로서 매출 10억 원은 그리 크지 않아서 눈에 띄지 않기 때문이다. 뱀의 머리에서 용의 꼬리로 바뀌는 것이다. 따라서 특별한 이슈가 없는 한 이런 작은 법인은 세무적으로 검증의 대상이 될 확률이 낮아지는 것이다.

물론 매출을 낮게 유지하면서 개인기업으로 계속 사업을 하고자 한다면 특별히 법인으로 전환할 이유는 없다. 하지만 매출이 계속 늘고 사업을 지속적으로 성장한다면 어느 순간에는 법인기업으로 전환하는 것이 더 유리할 수밖에 없다.

법인전환을 해야 하는 이유 2: 절세

절세의 원리 중 두 번째는 '쪼개라'이다. 세금을 부과하는 방법은 여러 가지가 있다. 정률적으로 부과하는 방법과 누진적으로 부과하는 방법이다. 대표적인 정률세는 부가가치세다. 상품과 서비스를 구매할 때마다 10%의 세금이 붙는 방식이다. 반면 소득과 관련된 대부분의 세금은 누진세의 구조를 갖는다. 적게 버는 사람은 상대적으로 더 적게 내고, 많이 버는 사람이 상대적으로 더 많이 내도록 설계된 세금이다. 종합소득세, 양도소득세, 퇴직소득세와 법인세, 증여세, 상속세 모두 누진세 구조다.

기술적으로 이 누진세를 아끼는 유일한 방법은 쪼개는 것이다. 왜냐하면 누진세의 구조상 소득을 쪼갤수록 적용되는 소득세율의 구간을 낮출 수 있기 때문이다. 예를 들면 개인 사업자의 사업소득을 아끼기 위해 부부가 동업하는 것으로 사업자를 변경하는 것, 양도소득세를 아끼기 위해 부부의 공동명의로 부동산을 취득하는 것, 상속세를 아끼기 위해 사전에 증여하는 것, 근로소득세를 아끼기 위해 배당을 함께 하는 것 등이다.

부가가치세는 아무리 나눠도 줄지 않는다. 10억 원 매출의 10개 회사나 100억 원 매출의 1개 회사나 납부하는 부가가치세는 같다. 정률세이기 때문이다. 하지만 소득세는 다르다. 나 혼자 2억 원을 버는 것과 2명이 1억 원씩 버는 것은 세금의 차이가 크다. 누진세는 모이면 커지고 나누면 작아진다. 이것을 기억해둘 필요가 있다.

그럼 절세를 위한 두 번째 원리인 '쪼개라'와 법인전환은 무슨 관련이 있을까? 개인은 얼마를 벌든지 무조건 당해연도에 사업소득으로 모두 신고해야 한다. 개인 사업자는 소득의 통로를 쪼갤 수 있는 여지가 없기 때문에 절세할 방법도 거의 없다. 하지만 법인은 다르다. 앞에서 법인의 구조에 대해 설명하면서 주주와 임원에 대해 설명했던 것을 기억하는가? 주주와 임원이 되면 배당소득, 근로소득, 퇴직소득을 만들 수 있다. 사업소득이라는 하나의 통로를 세 개의 통로로 쪼갤 수 있는 것이다. 여기에 가족이 함께 회사를 운영하게 되면 여섯 개, 아홉 개로 소득의 통로가 늘어날 수 있다. 따라서 법인기업의 구조를 잘 활용하면 절세할 수단과 방법이 많아지는 것이다.

더 자세한 설명은 어려울 수 있으니 생략하겠다. 이 책을 다 읽고 나면 지금 했던 설명이 저절로 이해가 될 것이기 때문에 너무 걱정할 필요는 없다. 여기서는 사업이익 2억 원이 발생했을 때 개인기업과 법인기업의 세부담 차이를 비교하는 것으로 마무리하고자 한다.

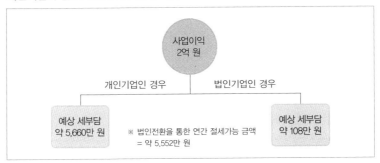

자료 참고: 김창영, 《2021 기업경영과 절세설계》, 돈택스, 2021, 176~177쪽

이런 이유로 어느 정도 규모가 있는 개인 사업자들은 절세를 위해서라도 법인으로 전환할 필요가 있는 것이다.

법인전환을 해야 하는 이유 3: 승계

우리나라에서 가장 높은 세율을 적용하는 소득이 무엇일까? 징벌적 과세를 하는 부동산 관련 세금을 빼면 상속세와 증여세가 가장 높다. 명목세율이 최고 50%다. 상속과 증여는 불로소득이기 때문에 높은 세금을 부담시키는 것이다.

이 사실을 기업에 적용해보자. 사업을 하면서 언제 가장 큰 세부담이 발생할까? 시작할 때도 아니고 운영할 때도 아니다. 승계를 할 때 가장 높은 리스크가 발생한다. 왜냐하면 승계와 관련된 상속세와 증여세율이 매우 높기 때문이다. 중소기업중앙회의 〈2020 중소기업 가업승계 실태조사 보고서〉를 보면 가업승계 과정에서 '막대한 조세부담이 우려'된다는 답이 무려 94.5%일 만큼 세금이 승계를 막는 가장 큰 걸림돌이다.

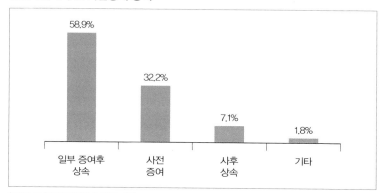

중소기업의 주된 가업승계 방식

58.9%

32.2%

7.1%

1.8%

| 일부 증여후
상속 | 사전
증여 | 사후
상속 | 기타 |

* 항목 중 '아직 결정하지 못함' 제외

출처: 중소기업중앙회, 《2020 중소기업 가업승계 실태조사 보고서》

우리나라 대기업은 이제 대부분 3세대 경영으로 넘어갔고, 중소기업은 이제 막 2세대로 승계가 이루어지는 상황이다. 중소기업은 승계에 대한 정보가 충분하지 않고, 준비할 여력도 부족한 것이 현실이다. 거기에 중소기업의 가업승계를 종합적으로 지원해줄 수 있는 전문가도 거의 없는 실정이다.

그렇다면 실제 중소기업을 10년 이상 운영한 오너들이 주로 생각하는 가업승계 방식은 무엇일까? '일부 증여 후 상속'이 58.9% 〉 '사전증여(생전)' 32.2% 〉 '사후상속' 7.1%로 조사되었다. 가업승계 수단으로는 '사전증여'가 압도적인 해결책인 것이다.

정리해보자. 중소기업을 자녀에게 물려주는 데 있어서 가장 큰 어려움은 '세금 부담'이고 이를 해결하기 위한 최적의 방법은 '사전증여'인 것이다. 정부는 이런 요구를 바탕으로 다음 그림처럼 세 가지의 가업승계 지원제도를 만들었다.

중소기업 가업승계 지원제도

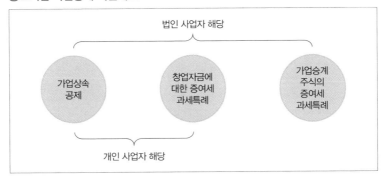

이 중에서 '가업상속공제' 제도는 오너의 사망 후 가업승계의 요건이 되는 경우 상속세를 감면해주는 제도인데 유지요건이 까다롭고 사전에 증여할 수 없기 때문에 중소기업에게는 현실적이지 않은 지원제도다.

'창업자금에 대한 증여세 과세특례' 또한 1년에 10건 정도만 신청한다. 이마저도 해당 요건을 채우지 못해 취소되는 경우가 더 많은 제도로 이 역시 중소기업의 가업승계에 실질적인 도움이 되지 못한다.

그나마 '가업승계 주식에 대한 증여세 과세특례' 제도가 사전증여를 통해 세부담을 낮출 수 있는 유일한 제도인데 문제는 개인 사업자는 해당되지 않는다는 것이다. 제도의 이름에 '주식'이 있는 것만 보아도 법인기업을 위한 승계 제도임을 알 수 있다.

법인기업은 개인기업에 비해 승계에 유리한 점이 많다. 앞서 설명한 가업승계 지원제도를 모두 활용할 수 있다는 것 외에도 주식 형태로 재산을 이전하기 때문에 가치를 조절할 수 있고 지분을 조금씩 나누어서 줄 수도 있기 때문이다(자세한 내용은 6장에서 설명하기로 하겠다).

3장

법인과
리스크

법인 리스크

3장에서는 법인의 제도 때문에 발생하는 리스크를 설명하려고 한다. 회사의 등기부등본과 정관 그리고 사내규정을 찾아서 살펴보고 아래의 진단표에 직접 체크를 해본 후 읽으면 좀 더 실질적이고 구체적으로 내용이 와닿을 것이다.

문항	주제	내용	체크란
1	법인의 등기부 등본	법인의 주소가 바뀌었는데 변경등기를 하지 않았다.	
2		사업목적에 '부동산 임대업'이 없다.	
3		가족이 아니거나 불필요한 등기임원이 있다.	
4		대표자의 주소가 바뀌었는데 변경등기를 하지 않았다.	
5		등기한 지 3년이 다 되거나 넘은 임원이 있다.	
6	법인의 정관	정관에 '주식양도제한'이나 '주식매수선택권' 규정이 있다.	
7		정관에 '중간배당', '현물배당' 규정이 없다.	
8		정관에 소규모 법인에 맞는 '이사 및 감사의 수' 규정이 없다.	
9		정관에 '임원의 보수'에 대한 한도 규정과 위임규정이 없다.	
10		정관에 '임원의 퇴직금' 위임규정이 없다.	
11	법인의 규정	별도의 '임원보수지급' 규정이 없다.	
12		별도의 '임원퇴직금지급' 규정이 없다.	
13		'임원퇴직금지급' 규정은 있지만 지급배수가 없거나 3배수다.	

해설

1. 법인의 주소가 변경되면 14일 이내에 변경등기를 신청해야 한다. 그렇지 않으면 최대 500만 원의 과태료가 부과된다.

   ....

2. 등기부등본의 목적은 '현재 하는 사업+앞으로 할 수도 있는 사업'을 구체적으로 정하는 것이다. 그래야 향후 불필요한 법무 비용이 발생하지 않는다. 대표적인 것이 '부동산임대업'이다.

   ....

3. 중소기업의 임원은 꼭 필요한 경우가 아니라면 '가족'으로만 구성하는 것이 원칙이다. 또 실제로 일을 하면서 급여도 받는다면 '감사'가 아닌 '이사'로 등기하는 것이 바람직하다. 등기임원을 어떻게 구성하고 보상하느냐에 따라 리스크는 손실이 될 수도 있지만 절세를 위한 유용한 도구로 활용될 수도 있다.

   ....

4. 회사를 대표하는 사람은 등기부등본의 '임원에 관한 사항'에 개인의 집주소가 표기된다. 대표자의 집주소가 변경되면 14일 이내에 변경등기를 신청해야 한다. 그렇지 않으면 최대 500만 원 이하의 과태료가 부과된다.

   ....

5. 주식회사의 임원의 임기는 통상 3년 이내다. 임기가 만료되면 중임이나 사임 등 등기를 새롭게 변경해야 한다. 그렇지 않으면 최대 500만 원 이하의 과태료가 부과된다.

   ....

6. 가족중심으로 운영하는 중소기업의 경우 '주식양도제한'이나 '주식매수선택권' 규정이 필요한 경우가 드물다. 상장을 목표로 하거나 IT 관련 스타트업 혹은 동업을 하거나 명의신탁 주식이 있는 경우가 아니라면 필요 없는 규정이므로 삭제하는 것이 좋다. 만약 이 규정을 정관에 넣는다면 등기부등본에도 반드시 기재가 되어야만 효력이 발생한다.

   ....

7. 배당은 연 1회, 현금으로 하는 것이 원칙이다. 하지만 정관에 '중간배당'과 '현물배당' 규정이 있다면 연 2회, 현물로도 배당이 가능하다. 이를 통해 효율적인 배당정책을 실행할 수 있다.

   ....

8. 자본금 10억 원 미만의 법인은 소규모 회사로 여러 가지 특례가 있다. 특히 정관에 규정을 만들면 이사는 1인 이상만 있으면 되고 감사는 없어도 된다.

   ....

9. 임원의 보수는 정관에 정한 금액 이상을 지급하는 경우 '손금불산입' 처분된다. 임원의 보수 한도를 얼마로 정하라는 법 규정은 없으므로 가급적 높게 정해두고 자세한 내용은 별도의 규정으로 만드는 것이 바람직하다.

....

10. 임원의 퇴직금을 지급하는 원칙은 '정관에 정한 금액'이다. 실무적으로는 정관에 '임원의 퇴직금 지급과 관련해서는 별도의 규정에 의한다'고 위임규정을 둔다.

....

11. 임원의 보수는 원칙적으로 정관의 한도 이내에서 주주총회를 통해 결정해야 한다. 중소기업의 경우는 상식적인 수준에서는 자율적으로 정하는 것에 문제가 없지만 회사가 성장하고 임원의 급여가 높아지면 리스크도 높아지므로 관련 규정과 절차를 지킬 필요가 있다.

....

12. 근로자의 퇴직금과는 달리 임원의 퇴직금은 정관에서 위임한 '임원퇴직금 지급규정'이 있는지 여부에 따라 큰 차이가 발생한다. 반드시 상법의 절차와 세법의 실질을 지켜서 별도의 임원퇴직금 지급규정을 만들어야만 세무적으로 퇴직금 인정을 받을 수 있다.

....

13. 임원의 퇴직금은 2020년 1월 1일을 기준으로 이전 근속분에 대해서는 3배, 이후 근속분에 대해서는 2배까지 퇴직소득으로 인정된다. 이를 초과해서 지급하게 되면 세율이 비싼 근로소득으로 세금이 부과되므로 규정 설계에 신중할 필요가 있다.

....

법인 리스크, 핵심은 제도다

법인이 필요한 이유

법인이라는 제도가 왜 필요할까? 여러 사람의 돈을 모아서 여러 사람이 결정하는 사업 시스템이 필요하기 때문이라고 앞에서 설명했다. 하지만 거의 모든 국가에 법인이라는 제도가 있는 본질적인 이유는 바로 '사업의 영속성' 때문이다.

개인기업은 사업에 필요한 모든 자산과 부채를 개인의 명의로 등기하거나 등록한다. 그래서 자녀에게 사업을 물려주거나 타인에게 매각하는 경우 일일이 명의를 바꾸어야 한다. 이 과정은 사업이 커질수록 더 번거롭고 복잡할 수밖에 없다. 만약 삼성전자가 개인기업이라면 승계와 매매의 과정이 얼마나 복잡하고 비효율적이겠는가! 안 팔고 안 물려주면 되지 않겠냐고 하겠지만 사람은 언젠가 반드시 죽기 때문에 이 과정은 피할 수 없다.

법인기업은 개인기업과 달리 모든 자산과 부채를 법인이 소유한다. 법인의 명의로 부동산도 사고, 차도 사고, 대출도 받는 것이다.

개인기업과 법인기업의 구조

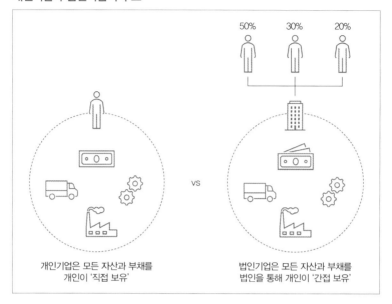

개인기업은 모든 자산과 부채를
개인이 '직접 보유'

법인기업은 모든 자산과 부채를
법인을 통해 개인이 '간접 보유'

그리고 법인의 재산권을 쪼개서 주식으로 발행한다. 주주는 이 주식을 보유함으로써 법인의 재산을 간접적으로 소유한다. 이처럼 재산을 유동화시켜 지분의 형태로 만들면 승계하거나 매매하기 쉬워지고 주주와 임원이 바뀌더라도 기업의 영속성이 보장된다. 즉 사람이 바뀌어도 사업은 계속되도록 만든 것이 법인이라는 제도다.

법인은 법원이 부모다

개인에게 부모가 있는 것처럼 법인은 법원을 통해서만 세상에 나올 수 있다. 법인을 만들기 위해서는 일정한 요건을 갖춰 법원에 설립등기를 신청한다. 법원이 문제가 없다고 판단하면 법인을 설립해준다. 법원이 법인의 부모가 되는 것이다. 따라서 법인의 설립과 운

법인의 종류

영, 청산의 전 과정은 법원이 요구하는 법적 요건을 충족해야 한다.

개인의 탄생에는 특별한 목적이 없다. 부모님이 서로 사랑한 결과로 세상에 태어난다. 하지만 법인의 경우는 목적 없이 설립할 수 없다. 더 구체적으로 말하면 '사업 목적'이 없는 경우 법원은 법인을 만들어주지 않는다. 사업의 목적은 영리와 비영리로 구분할 수 있는데 영리법인은 사람과 돈을 구성하는 방식에 따라 주식회사, 유한회사, 합명회사, 합자회사, 유한책임회사 등으로 나눈다. 이 책에서 말하는 회사는 상법상 주식회사를 의미하는데, 여러 사람의 돈을 모아 여러 사람이 결정하면서 영리사업을 영위하는 가장 보편적인 법인의 형태다.

법인의 리스크는 제도 때문에 발생한다

법인의 리스크는 어떤 것이 있고 왜 발생할까? 법인은 자본을 모으고 설립하는 단계, 임원을 정하고 사업을 운영하는 단계, 사업을 승계하거나 청산하는 모든 단계마다 등기법, 상법, 세법 등의 지배를 받는다. 만약 법에 어긋난 결정이나 거래가 있다면 무효가 될 수 있

법인의 제도 리스크

으며 심한 경우 관련자에게 민형사상의 책임도 발생할 수 있다. 법인의 리스크는 대부분 '법인'이라는 제도 때문에 발생하는 것이다.

그럼 모든 과정에 법적인 요건과 절차를 잘 지켰다는 사실을 어떻게 표시할 수 있을까? 법은 말이 아닌 근거를 요구하므로 증빙할 수 있는 서류가 있어야 한다. 그래서 법인은 주총(이사회) 소집통지서, 주총(이사회) 의사록, 주주동의서, 감사보고서, 등기부등본, 정관, 규정 등의 서류가 중요하다. 법인 사업이 개인 사업보다 더 복잡하다고 생각하는 이유가 바로 이런 법적인 절차와 서류 때문이다.

특히 법인의 제도와 관련해 위 그림처럼 등기부등본과 정관 그리고 몇 가지 규정에서 발생하는 리스크에 주의해야 한다. 이번 장에서는 가족 중심으로 운영하는 중소기업에서 흔히 발생할 수 있는 리스크를 중심으로 설명하도록 하겠다.

법인의 등기

주소변경 안 하면 과태료가 500만 원?

개인은 주민등록등본, 법인은 등기부등본

사람이 태어나면 출생신고를 한다. 이때 개인마다 주민등록번호를 부여하고 등본에 기본정보를 등록한다. 법인도 설립하는 과정이 이와 유사하다. 법원에 설립등기를 신청하면 법인번호를 발급하고 등기부등본에 관련 정보가 등기된다. 법인의 등기부등본은 날마다 들여다보아야 할 만큼 복잡하거나 중요한 내용이 있는 것은 아니다. 하지만 등기부등본 때문에 불필요한 비용이나 세금을 내야 하는 경우가 발생할 수 있기 때문에 매년 한 번쯤은 점검해볼 필요가 있다.

등기부등본의 리스크를 점검해보기 전에 먼저 관련된 중요한 원칙 한 가지를 알아두어야 한다. 등기부등본의 내용은 점(.) 하나만 바뀌어도 반드시 법원에 변경등기를 신청해야 한다는 것이다. 만일 변경 사유가 발생된 날로부터 2주 이내에 변경등기를 신청하지 않으면 최대 500만 원의 과태료가 부과된다. 예전에는 법원이 관행적으로 과태료를 부과하지 않는 경우도 많았다. 하지만 요즘은 거의 예외 없이 과태료가 부과되므로 주의가 필요하다.

법인의 주소가 바뀌면 변경등기를 해야 한다

법인을 설립한 후에 '상호'와 '공고 방법'을 변경하는 경우는 많지 않다. 하지만 법인의 '주소'를 이전하는 경우는 흔하다. 공장을 새로 사서 사업장을 이전하거나, 법인을 다른 지역 혹은 다른 건물로 옮겼다면 2주일 이내에 이전한 주소지 관할등기소에 변경등기를 신청해야 한다. 만약 해당일로부터 2주가 지나서도 등기변경을 하지 않았다면 경과된 날에 비례해 과태료 처분을 받게 된다.

본점 주소를 이전하고 변경등기 한 사례

본 점	서울특별시 성동구 아차산로 000, 602호(성수동)	2009.04.20 변경
		2009.04.28 등기
	서울특별시 성동구 아차산로 000, 304호(성수동)	2012.02.13 변경
		2012.02.20 등기
	서울특별시 강남구 역삼로 000, 401호(대치동)	2018.10.01 변경
		2018.10.05 등기

본점 주소를 이전할 때 같은 등기소 관할 내에서 이전하는 경우(A시→A시)가 있고, 다른 관할등기소(A시→B시)로 이전해야 하는 경우가 있다. 전자의 경우보다 후자의 경우에 비용이 더 많이 발생한다. 왜냐하면 후자의 경우는 A시와 B시 2곳의 등기소에 모두 등기변경 신청을 해야 하기 때문이다. 마치 같은 은행끼리 이체할 때보다 다른 은행으로 이체할 때 수수료가 더 많이 발생하는 것과 같다고 이해하면 된다.

사업목적에 '부동산임대업'을 처음부터 넣어라

영리 법인이건 비영리 법인이건 상관없이 법인이라면 반드시 정관으로 정한 목적의 범위 내에서만 권리와 의무의 주체가 된다. 사람이 생존하는 동안 권리와 의무의 주체가 되는 것과는 다르다.

쉽게 말하면 법인을 만들 때 정관에 사업목적을 반드시 정해야 한다는 말이다. 실무적으로는 목적을 정하지 않으면 법인설립이 되지 않으니까 창업할 때 신경을 쓰지 않는 내용이다. 법무사가 알아서(?) 해주는 대로 비용만 지불할 뿐이다.

사업 목적을 어떻게 정하라고 법적으로 강제하지는 않지만 일반적으로 '현재 하고 있는 사업＋앞으로 할 수도 있는 사업'을 구체적으로 정하는 것이 좋다. 특히 부동산임대업은 설립할 때 반드시 넣어두는 것이 좋다. 그래야 나중에 추가적인 법무 비용을 아낄 수 있다.

예를 들어보자. 만일 회사가 자가공장이나 사옥을 마련한 후 남는 공간 일부를 임대하고 싶다면 사업자등록증에 부동산임대업을 추가해야 한다. 그런데 법인 사업자의 경우 사업자등록증을 신청하거나 변경할 때 해당 내용이 등기부등본에 목적사업으로 기재되어 있어야 한다. 그렇지 않으면 사업자등록증에 업태 및 종목으로 기재할 수 없다. 현 등기부등본의 사업목적으로는 부동산임대업 추가가 불가능한 것이다. 따라서 다음 페이지 그림과 같이 등기변경을 통해 사업목적을 변경해야 하는데 이 과정에서 불필요한 법무 비용이 발생하는 것이다.

처음부터 부동산임대업이 목적에 있었으면 돈과 시간을 낭비할 일이 없었을 것이다. 사업을 하다 보면 이렇게 몰라서 혹은 신경 쓰

사업목적 변경 후 변경등기 한 사례

목 적	
1. 화섬직 의류 수출입업	
1. 원단 제조업	
1. 원단 도소매업	
1. 원단, 의류 관련 전자상거래업	〈2019.11.25 추가 2019.11.28 등기〉
1. 부동산 임대업	〈2019.11.25 추가 2019.11.28 등기〉
1. 위 각호에 관련된 부대사업일체	〈2019.11.25 추가 2019.11.28 등기〉

지 못해서 날아가는 돈이 의외로 많다. 그래서 관리력이 중요하다고 강조하는 것이다.

부동산임대업 외에도 관련 사업의 유통업, 무역업, 전자상거래업 등을 함께 넣어 두길 추천한다. 회사의 사업목적을 어떻게 넣을지 고민된다면 전자공시시스템(dart.fss.or.kr)에 접속해 같은 업종의 큰 회사들의 정관을 찾아서 참고하면 된다.

가족이 아니거나 불필요한 등기임원, 특히 감사는 빼라

임원은 '이사'와 '감사'가 있다. 이사의 역할은 주주를 대신해 경영적인 결정을 하고 이에 대한 책임을 지는 것이다. 감사는 이사의 업무와 회계를 감시하는 역할을 맡는다. 하지만 이런 법적인 구도는 주주와 임원이 많은 큰 기업에서나 가능하다. 대부분의 중소기업은 주주와 임원이 2~3명의 가족으로 구성되어 있기 때문에 이사와 감사의 관계는 형식적일 뿐이다(이제부터의 설명은 소규모 가족기업을 염두에 둔 것임을 감안하기 바란다).

먼저 감사에 대해서 생각해보자. 많은 중소기업이 배우자나 근로자를 감사로 등기해놓고 있다. 이유를 물어보면 설립할 때 '감사가 있어야 한다'고 했다는 말을 한다. 하지만 이는 법인을 설립할 때 발기인이 아닌 임원의 조사보고서로 공증을 대체할 수 있다는 법을 잘못 이해한 결과다.

원래는 법인을 설립할 때 자본금에 대해서 공증을 받아야 하는데 문제는 이 비용이 꽤 많이 든다는 것이다. 그래서 자본금 10억 원 미만의 소규모 법인의 경우 발기인이 아닌 임원, 즉 주식이 없는 이사나 감사가 조사보고서를 쓰면 자본금의 공증을 받지 않아도 되는 것으로 법이 개정되었다. 설립비용 수백만 원을 아낄 수 있으니 실무에서는 모두 이 방법을 사용한다. 그런데 법인을 설립할 때 이를 오해하거나 혹은 오너와 충분한 의사소통 없이 기계적으로 감사를 넣는 경우가 많다.

감사를 넣었다고 해서 문제가 될 것은 없다. 하지만 대부분 중소기업의 경우 등기에 감사가 있다면 빼는 것이 좋다. 왜냐하면 자본금 10억 원 미만의 중소기업에는 감사를 두지 않아도 되는 데다 감사는 근로자를 겸임할 수도 없기 때문이다. 무엇보다 감사 때문에 다른 임원의 급여나 퇴직금 등에 피해를 볼 수도 있다. 따라서 등기에 이름만 올린 감사는 삭제하는 것이 좋다. 만약 감사로 등기된 가족이 실제 근무를 하고 급여도 받고 있다면 차라리 감사가 아닌 이사로 변경하는 것을 추천한다.

다음은 사내이사에 대해 알아보자. 상담하다 보면 규모가 작은 업체임에도 불구하고 사내이사가 3명으로 구성된 경우를 가끔 본다. 이에 대한 이유를 물어보면 십중팔구 또 법무사에게 화살을 돌린다.

중소기업 임원 구성의 원칙

중소기업 임원구성의 원칙 = 실제 업무에 종사하는 사람 + 가족

이사가 3명 이상이면 이사회가 구성되고 이에 따라 상법적으로 더 많은 절차가 생긴다. 가령 정관을 개정하기 위해 임시주총을 하는 경우, 이사회 소집통지와 의사록 등을 통해 이사회의 활동을 추가로 명문화해야 한다.

물론 상법은 원칙적으로 이사는 3명 이상이어야 한다고 정하고 있다. 하지만 자본금 총액이 10억 원 미만인 소규모 법인의 경우 이사가 1명만 있어도 된다. 이미 2009년에 상법이 개정되었는데 아직도 관행적으로 이사는 3명 이상이어야 하는 것으로 알고 있는 실무자들이 있다. 지금은 1인 주주, 1인 이사로도 법인설립이 가능하다.

출근하지 않는 사람, 직원이나 외부인 등 실질적으로 이사의 역할을 하지 않는 사람을 사내이사로 등기한 경우에는 법적으로 향후 여러 가지 문제가 발생할 가능성이 있다. 특히 세금과 관련된 리스크가 발생할 수 있으므로 등기임원은 가급적 실제 업무에 종사하는 가족으로만 구성하는 것이 좋다. 이는 가족기업으로 운영되는 대부분의 중소기업에 해당되는 원칙이다.

대표자의 주소가 바뀌면 변경등기를 해야 한다

이사는 사내이사와 사외이사, 등기이사와 비등기이사, 상근이사

임원에 관한 사항 변경등기 사례

임원에 관한 사항

사내이사 이OO   600905 - *******   경기도 의정부시 OO로 OO(OO동)
    2013년 11월 27일 취임   2013년 12월 03일 동기
사내이사 이OO   600905 - *******   서울특별시 도봉구 OO로OO길 OO,
OOO동 OOO호
    2016년 06월 02일 주소변경   2016년 07월 08일 동기
사내이사 이OO   600905 - *******
    2016년 11월 27일 중임 및 주소삭제   2016년 12월 14일 동기

사내이사 김OO   641203 - *******
    2016년 11월 27일 취임   2016년 12월 14일 동기

대표이사 이OO   600905 - *******   서울특별시 도봉구 OO로OO길 OO,
OOO동 OOO호
    2016년 11월 27일 취임   2016년 12월 14일 동기

와 비상근이사 등으로 구분할 수 있다. 실무적으로 중소기업의 임원
은 등기부등본에 이름을 올린 등기이사를 의미한다.

　만약 등기부등본에 사내이사가 1명뿐이라면 당연히 그 사람이 회
사의 대표권을 갖는다. 하지만 사내이사가 2명 이상 있는 경우에는
대표권을 가진 이사를 정해야 하는데 이를 대표이사라고 한다. 대표
이사는 꼭 1명이어야 하는 것은 아니고 공동대표, 각자대표 등 여러
명이 가능하다.

　위 그림을 보면 처음에 이사가 1인이었으므로 사내이사로만 표시
가 되었다. 이후 사내이사가 2인이 되면서 그중 1명이 대표이사가
된 경우다. 그럼 회사의 대표권이 누구에게 있는지 어떻게 알 수 있
을까? 바로 임원 중에 개인 거주지 주소가 적혀 있는 사람이 법인의

대표권을 가진 사람이라고 보면 된다.

　의외로 많은 법인에서 놓치는 부분이 '임원에 관한 사항'의 변경에 따른 등기변경이다. 특히 대표이사의 개인 집 주소가 변경된 경우에도 법인의 등기를 변경해야 하는지 모르는 경우가 많다. 회사를 대표하는 임원의 이름 옆에 주소를 왜 표시할까? 법인의 모든 것을 결정하고 책임지는 사람이 어디에 살고 있는지 확인하려는 의도다. 당연히 여기에 변동사항이 생기면 법인등기의 내용도 수정해야 하는 것이다.

임원은 3년마다 중임등기를 해야 한다

　이사의 법적인 임기는 최대 3년이다. 다만 정관으로 그 임기 중의 최종의 결산기에 관한 정기주주총회일까지 연장할 수는 있다. 감사의 임기는 취임 후 3년 내의 마지막 결산기 정기주총까지다.

　만약 임원의 임기가 종료되면 어떻게 해야 할까? 임원을 계속하려면 '중임등기'를 해야 하고 그만하는 경우라면 '사임등기'를 해야 한다. 중소기업은 오너와 가족이 계속해서 임원을 맡는 것이 현실이므로 대부분 중임등기를 한다. 이 사실을 알지 못하고 기일을 넘겨 과태료 처분을 받는 경우가 있으므로 주의해야 한다. 지금 바로 등기부등본의 임원 취임일이나 중임 날짜를 점검해보기 바란다.

법인의 정관

디딤돌 정관 vs 걸림돌 정관

정관, 당장 안 바꾸면 큰일 난다고?

2019년 말 임원 퇴직급여에 대한 소득세법 개정을 대비해 상담한 적이 있었다. 정관의 역할과 개정의 필요성을 설명한 후 대표에게 정관을 보여 달라고 요청했는데 30분이 넘도록 찾지를 못했다. 찾아서 보내주기로 했지만 결국 찾을 수가 없다는 연락을 받았다. 이 회사는 매출이 평균 60억 원이 넘고 이익률도 10% 가까이 나는 탄탄한 회사다. 오너의 나이가 많아서 가업승계 상담을 요청하게 되었고 정관을 점검하려다가 없다는 사실을 알게 된 것이다.

중소기업인 경우에 평소 정관 때문에 문제가 발생할 일은 거의 없다. 이 회사처럼 정관이 어디 있는지 몰라도 사업을 하는 데는 전혀 지장이 없다. 마치 우리가 평소에 법조문을 몰라도 사는 데 전혀 지장이 없는 것처럼. 그런데 왜 컨설팅하는 사람들은 정관 때문에 심각한 문제가 생길 것처럼 당신에게 겁을 주는 것일까? 왜 당장 정관을 바꾸지 않으면 큰일이 난다고 말을 할까? 대부분은 자신의 상품

우리나라 대표적인 기업의 정관

삼성전자	신세계	네이버

출처: 금융감독원 공시시스템. 2021년 정기공시 기준

을 판매하기 위한 마케팅이라고 생각하면 된다.

정관을 바꾸는 것도 중요하다. 하지만 당신이 오너라면 '왜 바꾸어야 하는지'를 아는 것이 우선이다. 지금부터 정관에서 발생할 수 있는 리스크에 대해 알아보려고 한다. 그전에 우리나라 대표적인 회사들의 정관을 한 번 살펴보는 것이 도움이 될 것이다. 위 QR코드를 스마트폰으로 찍으면 우리나라의 대표적인 제조와 유통, 서비스 회사의 정관을 볼 수 있다. 자신의 회사 정관과 비교하면서 살펴보라.

정관은 결국 세 사람의 이야기다

정관은 회사의 자치법규로서 '기업의 헌법' 같은 역할을 한다. 정관의 내용은 회사의 조직과 활동에 관한 근본 규칙이 담겨 있는데 이런 실질적 규칙을 기재한 서면을 '정관'이라고 부른다.

정관의 효력은 임의적 상법보다 우선 적용된다. 또 상법의 강행법규에 반하지 않는 한 법적으로 구속력도 가진다.

정관의 내용은 절대적 기재사항, 상대적 기재사항, 임의적 기재사

정관의 내용

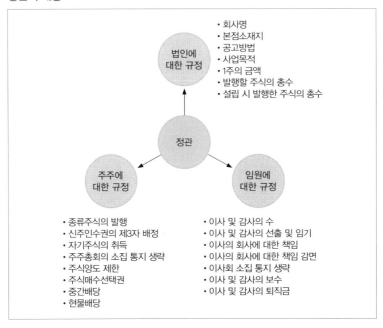

항으로 구분할 수 있다. 하지만 중소기업 오너에게 이런 식의 설명은 어렵고 무의미하다. 이보다는 정관을 위 그림처럼 법인, 주주, 임원 세 사람의 이야기로 이해하는 것이 좋다. 정관에는 채권자나 근로자에 대한 내용은 전혀 없다.

디딤돌 정관 vs 걸림돌 정관

앞에서 예로 든 것처럼 중소기업의 정관은 법인을 운영하는 단계에서는 큰 역할을 하지 않는다. 있는지 없는지 몰라도 사업을 하는 데 별 지장이 없을 정도다. 하지만 주주 간의 분쟁이 발생하거나 법인 사업의 출구 단계가 되면 정관이 결정적인 역할을 할 수 있다.

예를 들면 주식양도 제한 규정이 없어서 명의신탁한 주식을 회수할 때 어려움을 겪거나, 배당 규정이 정비되어 있지 않아서 중간배당을 하지 못하는 경우도 있다. 또 회사를 승계하거나 청산하려고 할 때 임원의 퇴직금 지급에 대한 규정이 부실하면 출구 전략에 어려움을 겪을 수도 있다.

특히 과세관청으로부터 소명자료 요청이나 세무조사를 받게 되는 경우에 정관은 기업주와 특수관계인의 행위가 부당행위인지 아닌지를 판단하는 중요한 기준이 된다. 우리나라 중소기업의 대부분은 주주와 임원이 2~3명의 가족으로 구성된 가족기업이기 때문에 늘 과세관청으로부터 부당행위를 의심받기 쉬운 구조다. 이때 정관은 법인, 주주, 임원 간에 법에 정한 원칙대로 보상과 거래를 하고 있다는 중요한 근거자료가 될 수 있다.

예를 들어 보자. 대표이사에게 거액의 퇴직금을 지급한 경우 과세관청으로부터 지급 근거에 대한 소명자료를 제출하라는 요구를 받을 수 있다. 이때 정관에 관련 내용이 없거나 부실한 경우에 과세관청은 퇴직금을 비용으로 인정하지 않게 되고 복잡한 세무적 리스크가 발생하게 된다.

또 다른 예로 임원의 급여나 자본거래와 관련해 세무조사를 받는 경우다. "나는 회사의 돈 한 푼도 마음대로 쓰는 사람이 아니다. 직원들에게 한번 물어보라"라고 항변하는 것은 별로 도움이 되지 않는다. 그것보다 정관이나 규정이라는 명확한 근거를 제시하는 것이 더 중요하다. '우리 회사는 비록 가족회사이지만 임의로 거래하지 않고 법에 정한 원칙대로 공정하게 처리한다'라는 근거가 있어야 하는데

정관의 역할

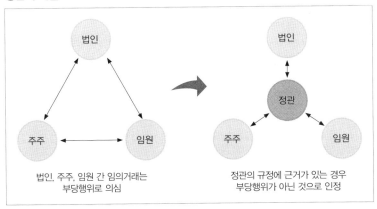

법인, 주주, 임원 간 임의거래는
부당행위로 의심

정관의 규정에 근거가 있는 경우
부당행위가 아닌 것으로 인정

정관이 이를 판단하는 중요한 기준이 되는 것이다.

다시 한번 강조하면 법인에 분쟁이 발생하거나 출구 전략을 실행해야 할 때가 되면 정관은 디딤돌이 될 수도 있고 걸림돌이 될 수도 있다. 그러므로 이 책을 읽으면서 한 번쯤 자세하게 점검해보길 권한다. 정관의 문구 하나가 당신에게 몇천만 원의 손해를 입힐 수도 있고 몇억 원의 이익을 만들어줄 수도 있다.

주식양도제한 규정이나 주식매수선택권 규정은 빼라

주식은 재산이므로 자유롭게 사고팔 수 있다. 다만 회사는 정관으로 정하는 바에 따라 그 발행하는 주식의 양도에 관해 이사회의 승인을 받도록 할 수 있다. 이를 주식양도제한 규정이라 부른다.

이 규정은 명의신탁 주식이 있거나 동업을 하는 상황이 아니라면 중소기업에 전혀 필요가 없다. 상담을 하면서 이 규정이 있는 회사를 종종 만나는데 물어보면 내용을 전혀 이해하지 못한다. 왜 필요

제00조【주식양도의 제한】

① 회사의 주식을 타인에게 양도하는 경우 그 양도에 관해 이사회의 승인(이사회가 없는 경우에는 주주총회의 승인)을 받아야 한다.
② 제1항에 따라 이사회의 승인을 얻지 아니한 주식의 양도는 회사에 대해 효력이 없다.
③ 주식의 양도에 관해 이사회의 승인을 얻어야 하는 경우에는 주식을 양도하고자 하는 주주는 회사에 대해 양도의 상대방 및 양도하고자 하는 주식의 종류와 수를 기재한 서면으로 양도의 승인을 청구할 수 있다. 이 경우 회사는 청구가 있는 날 부터 1월 이내에 주주에게 그 승인 여부를 서면으로 통지해야 한다.
④ 기타 주식양도의 제한과 관련한 사항은 상법이 정하는 바에 따른다.

한지도 모르고 규정을 넣은 것이다. 그저 컨설팅을 받았다고만 말하는데 아마도 컨설턴트가 다른 회사의 정관을 가져다가 회사명만 바꾸어 준 것이 아닌가 의심이 되는 상황이다.

이 규정은 자사의 주식을 양도하는 모든 주주에게 적용되므로 가족기업의 경우는 넣을 필요가 없다. 이 규정 때문에 오히려 주식을 거래하는데 여러 가지 불편한 절차와 불필요한 비용이 발생할 수 있기 때문이다.

'주식매수선택권' 규정도 마찬가지다. 주식매수선택권(Stock Option)이란 법인이 설립과 경영, 기술혁신 등에 기여한 임직원에게 특별히 유리한 가격으로 당해 법인의 신주를 매입할 수 있도록 부여한 권리다. 흔히 알고 있는 스톡옵션 제도를 말한다.

스톡옵션은 정관이 정하는 바에 의해서만 부여할 수 있기 때문에 스톡옵션을 제공하려면 반드시 정관에 관련 내용이 있어야 한다. 만

제00조【주식매수선택권】

① 회사는 임·직원(상법 제542조의3 제1항에서 규정하는 관계회사의 임·직원을 포함한다. 이하 이 조에서 같다)에게 상법이 허용하는 한도 내에서 상법 제542조의 3의 규정에 의한 주식매수선택권을 주주총회의 특별결의로 부여할 수 있다. 다만, 관련 법령이 정하는 한도까지 임·직원(이 회사의 이사를 제외한다)에게 이사회 결의로써 주식매수선택권을 부여할 수 있다.

② 주식매수선택권을 부여 받을 자는 회사의 설립·경영·해외영업 또는 기술혁신 등에 기여하거나 기여할 수 있는 임·직원으로 하되 관련 법령에서 주식매수선택권을 부여 받을 수 없는 자로 규정한 임·직원은 제외한다. (이하 생략)

약 임직원에게 스톡옵션을 부여할 생각이 전혀 없다면 이 규정은 굳이 넣을 필요가 없다.

스톡옵션 제도는 상장기업이나 상장을 목표로 하는 기업, IT 스타트업 등에서 직원의 장기근속과 동기부여 등을 위해서 많이 활용한다. 하지만 가족기업에서는 도입할 필요가 크지 않다.

이런 주식양도제한이나 스톡옵션과 관련된 규정은 정관에만 내용을 기재한다고 효력이 발생하는 것이 아니다. 다른 주주의 재산권에 피해를 줄 수도 있는 규정이기 때문에 반드시 법원에 등기를 해야 한다. 즉, 그 내용이 정관뿐 아니라 등기부등본에 기재되어야 한다는 말이다.

배당규정은 최대한 넣어라

중소기업은 배당을 거의 하지 않는다. 법인의 이익을 개인화하는 방법으로 임원의 급여만을 활용하는 경우가 많다. 하지만 배당을 꾸준히 하면 많은 이점이 있다. 특히 매년 2,000만 원 이하의 배당은 꼭 하는 것이 좋다. 배당의 이점에 대한 설명은 5장에서 자세히 다루도록 하고 여기서는 정관에 있는 배당과 관련된 '규정'만을 설명하겠다.

먼저 배당의 원칙을 알 필요가 있다. 배당은 정기배당, 현금배당, 균등배당이 원칙이다. 1년에 1번, 현금으로, 주주의 지분 비율대로 배당을 해야 한다. 하지만 정관에 중간배당, 현물배당, 차등배당의 규정이 있다면 1년에 2번, 현물로도, 주주의 지분 비율과 다르게도 배당이 가능하다. 이를 통해 보다 효율적으로 배당제도를 운영하는 것이 가능해지는 것이다.

먼저 정기배당과 중간배당에 대해 알아보자. 배당은 1년에 1회 실시하는데 이를 결산배당 혹은 정기배당이라 한다. 실무적으로는 3월 법인세 신고 기간에 당해연도 결산을 확정하고 배당결의를 하게 된다. 그런데 정기배당만 실시한다면 결산 확정 시기에 회사에 현금이 없어 배당을 하지 못하게 될 수도 있다. 그래서 상법은 정관에 규

제00조 【중간배당】

① 영업연도 중 1회에 한해 이사회의 결의로 일정한 날을 정해 그날의 주주에 대해 이익을 배당(이하 이 조에서 "중간배당"이라 한다)을 할 수 있다.

② 중간배당은 직전 결산기의 대차대조표상의 순자산액에서 다음 각호의 금액을 공제한 액을 한도로 한다.

  1. 직전 결산기의 자본금의 액

  2. 직전 결산기까지 적립된 자본준비금과 이익준비금의 합계액

  3. 직전 결산기의 정기총회에서 이익으로 배당하거나 또는 지급하기로 정한 금액

  4. 중간배당에 따라 당해 결산기에 적립해야 할 이익준비금

정이 있다면 연 1회에 한해 중간배당을 할 수 있도록 허용하고 있다.

중소기업이라 하더라도 중간배당 규정을 정하고 유동성이 높은 시기에 이사회 결의를 통해 탄력적인 배당정책이 가능하도록 설계하는 것이 필요하다.

다음으로 현금배당과 현물배당에 대해 알아보자. 배당은 현금으로 하는 것이 원칙이다. 하지만 배당을 하고 싶어도 현금이 없어서 못 하는 경우가 있다. 이런 경우 정관으로 금전 외의 재산을 배당할 수 있도록 정할 수 있다.

제00조【현물배당】

① 본 회사는 주주에게 배당을 하는 경우 금전(현금)으로 배당하는 것이 원칙이나 주주총회의 결의로 금전 외의 재산으로 배당을 할 수 있다.
② 제1항의 현물배당은 주주가 배당을 받는 금액이 1억 원을 초과하는 경우로 한정하며, 주주가 현물배당을 원하지 않는 경우에는 금전의 지급을 회사에 청구할 수 있다. 이 경우 금전의 지급청구는 배당결의일로부터 15일 이내에 해야 한다.

통상의 법인은 법인세를 신고하기 전에 결산을 확정하고 배당 여부를 결정하는데 이 시기가 대부분 연초이기 때문에 현금 유동성이 부족한 경우가 있다. 잉여금 관리나 주식 가치의 조절 등 절세를 위해서 현금이 없어도 배당을 해야 하는 경우가 있는데 이때 '현물배당' 규정이 있으면 금전 외의 재산으로 배당을 실행해 세무적인 목적을 달성할 수 있다. 언젠가 긴요하게 쓰일 수도 있는 규정이기에 정관을 개정할 때 넣어 두는 것이 바람직하다.

마지막으로 균등배당과 차등배당에 대해 말하자면 차등배당 혹은 초과배당은 최근 몇 년간 법인컨설팅의 핵심 이슈였다. 왜냐하면 초과배당을 하는 경우 소득세와 증여세를 비교해 큰 금액으로 과세를 했는데 이를 전략적으로 잘 활용하면 소득세와 양도세, 상속·증여세까지도 절세할 수 있었기 때문이다.

하지만 세법개정으로 2021년 1월 1일 이후부터는 소득세와 증여세를 모두 부과하기 때문에 절세 효과가 사라졌다. 또 차등배당 규정은 정관에 넣지 않아도 상법에 의해서 실행할 수 있기 때문에 굳이 정관에 표시하지 않아도 된다.

소규모 법인에 맞는 이사, 감사 수 규정을 넣어라

법인 사업의 취지는 여러 사람의 돈을 모아 여러 사람이 결정하는 것이다. 그래서 상법은 이사 수가 3명 이상이어야 한다고 정하고 있다. 이사가 3명 이상이면 이사회가 구성된다. 이사회는 사내 최고의 의사결정기구로 대부분 중요한 결정은 이사회를 통해 이루어진다.

그런데 이사를 3명 이상으로 해야 한다는 상법의 규정 때문에 중소기업에는 문제가 발생할 수도 있다. 기업이 많이 생겨야 일자리가

제00조【이사 및 감사의 수】

① 회사의 이사는 3명 이상으로 한다. 다만, 자본금 총액이 10억 원 미만인 경우에는 1명 또는 2명으로 할 수 있다.
② 회사의 감사는 1명 이상으로 한다. 다만, 자본금의 총액이 10억 원 미만인 경우에는 감사를 선임하지 아니할 수 있다.

늘어나고 경제에 활력이 생길 텐데, 이 규정 때문에 3명 미만으로는 법인을 창업하기가 힘들기 때문이다.

그래서 2009년 5월 28일 상법이 개정되어 자본금 10억 원 이하의 소규모 기업은 이사가 1명 이상만 있어도 법인 사업이 가능해졌다. 이에 따라 이사가 3명 미만인 경우 이사회를 구성하지 않아도 되고 이에 따른 번거로운 절차와 비용을 절감할 수 있게 되었다. 당신의 회사가 자본금 10억 원 미만이라면 이사는 1명 이상만 있으면 된다. 마찬가지로 자본금 10억 원 미만의 회사는 감사를 두지 않아도 된다. 감사가 없는 경우 주주총회가 감사의 역할을 대신한다.

그러므로 회사에 불필요한 이사와 감사는 빼고 실질적으로 업무에 종사하는 사람만을 임원으로 등기하는 것이 리스크와 비용을 줄일 수 있다. 이사를 3인 미만으로 하고 감사를 두지 않아도 되도록 정관에 '이사와 감사의 수' 규정을 바꾸라.

정관에 임원 보수의 한도를 정하라

법인기업은 개인기업과 달리 대표이사라고 해서 본인의 보수를 마음대로 결정해서는 안 되고 일정한 법적 절차를 거쳐야 한다. 그리고 당연히 이에 대한 근거도 있어야 한다.

임원의 보수는 정관에 그 액을 정하지 않았을 때는 매년 주주총회의 결의로 이를 정하는 것이 원칙이라고 상법은 정하고 있다. 임원은 위임직이기 때문에 주주가 임원의 보수를 정하는 것은 당연한 구도다. 실무적으로 더 중요한 것은 과세당국의 원칙인데 세법에서는 임원의 보수에 대해 정관·주주총회·이사회 등을 통해 제정된 급여

지급기준에 의해 정당한 보수인지를 판단한다. 이를 정리하면 임원의 보수는 다음의 요건을 충족해야 한다.

- 정관·주총·이사회가 정한「임원보수지급기준」이 있을 것
- (혹은) 정관에서 위임한「임원보수지급규정」이 있을 것
- 정관과 규정에 정한 금액 이내의 보수를 지급할 것

실무적으로는 정관에 '1년에 10억 원을 한도로 한다'와 같이 보수의 지급한도를 넣고 나머지는 별도의 '임원보수지급규정'에 의한다고 위임규정을 넣으면 된다. 이렇게 되면 연간 1인당 10억 원을 넘지 않는 범위 내에서 보수를 지급할 수 있다. 이때 한도를 얼마로 정해야 할지는 법적으로 강제하지 않으므로 기업의 형편에 맞게 가급적이면 아주 넉넉하게 높이는 것을 추천한다.

이렇게 정관에 위임규정을 넣는 이유는 임원 보수 규정을 개정해야 할 필요가 생겼을 때 절차를 간소화하기 위해서다. 정관의 내용을 변경하기 위해서는 반드시 주주총회를 통해야 하지만 규정을 고치는 것은 이사회 결의만으로 가능하기 때문이다.

정관에 임원의 퇴직금지급에 대한 규정을 넣어라

임원의 보수와 퇴직금 규정은 중소기업의 오너에게 매우 중요하다. 특히 임원의 퇴직금은 세무적으로 매우 큰 이슈였고 분쟁도 많았으며 앞으로도 그럴 가능성이 높다. 왜냐하면 관련 세금액이 커서 세무당국의 관심도가 매우 높기 때문이다.

제00조【이사와 감사의 퇴직금】

이사와 감사의 퇴직금의 지급은 주주총회 또는 이사회 결의로 정한 별도의 임원퇴직금지급 규정에 의한다.

법인이 임원에게 지급하는 퇴직금은 정관을 기준으로 합법성 여부를 판단한다. 원칙은 정관에 정하거나 정관에서 위임한 별도의 규정에 지급할 금액을 정하는 것이다. 하지만 정관에 임원의 퇴직금에 대한 규정이 없다고 하더라도 사회 통념상 적절한 수준의 퇴직금은 세법에서도 인정하고 있다. 이에 대한 내용을 정리하면 다음 표와 같다.

임원퇴직금의 법적 근거

판단 기준	법적 근거
정관에 지급할 금액이 정해진 경우	• 정관에 의해 정해진 금액을 비용으로 인정 • 정관에서 위임된 별도의 퇴직금지급규정이 있으면 해당 규정에 의한 금액을 비용으로 인정
정관에 지급할 금액이 정해지지 않은 경우	• 임원이 퇴직한 날부터 소급해 1년 동안 해당 임원에게 지급한 총급여액의 10%에 상당하는 금액에 근속연수를 곱한 금액

정관에 임원의 퇴직금 규정을 정하도록 한 이유가 있다. 정관은

법인의 근본 규칙이기 때문에 일단 정관에 정해 놓은 퇴직금을 증감시키기 위해서는 상법상의 정관 변경절차를 거쳐야 한다. 그렇게 되면 임원이라도 임의로 퇴직금을 과다지급하는 것이 비교적 어려워 법인의 소득을 부당하게 감소시킬 염려가 적기 때문이다.

실무적으로는 정관에 '임원의 퇴직금은 별도의 「임원퇴직금지급규정」에 의한다'고 표시하고 별도의 규정을 첨부한다. 이는 세법이 개정될 때마다 정관을 바꾸지 않고 규정만 변경해 절차와 비용을 줄이기 위해서다.

법인의 규정

퇴직금 10억 원 받고 세금으로 10억 원 낸 이유

규정이 필요한 이유

많은 중소기업 오너가 '기분'에 따라 '말'로 회사를 운영한다. 그러다 보니 갈등이 생기거나 사고가 터졌을 때 일관되고 공정한 방법으로 해결하지 못한다. 또 증명서 신청과 같은 기초적이고 반복적인 일을 처리하느라 불필요한 자원을 낭비하기도 한다. 몇 번씩 같은 상황이 반복되면 직원의 로열티는 떨어지게 되고 회사에 대한 비전을 느낄 수 없게 된다.

사업은 원칙에 따라 규정대로 운영할 필요가 있다. 그래야 매출이 커지고 직원이 늘어날 때 우왕좌왕하지 않을 수 있다. 잘 정비된 회사의 규정은 시간과 비용의 낭비를 막을 뿐 아니라 갈등이나 분쟁에서 당신을 지켜줄 수도 있다.

불필요한 규정을 과도하게 만들라는 말이 아니다. 하지만 생각해 보라. 입사를 했는데 자신이 맡은 일에 대한 매뉴얼이 정리되어 있고, 직원으로서 신청할 수 있는 혜택과 권리 등의 규정이 문서로 잘

구비되어 있는 경우와 그렇지 못한 경우, 당신이 신입사원이라면 어떤 기분이 들겠는가?

중소기업의 오너가 관련된 법을 공부하고 규정을 만드는 것이 현실적으로 힘들 수 있다는 점은 이해한다. 하지만 법적으로 반드시 갖추어야 할 최소한의 규정, 임원의 보수와 퇴직금 규정 정도는 신경을 써야 한다. 이 규정들은 오너 자신에게 직접적인 이익과 불이익을 가져다줄 수 있기 때문이다.

아래 표에 법인이 갖추어야 할 중요한 규정들을 따로 정리했으니 참고하고 여기에서는 오너와 관련 있는 '임원의 보수지급규정'과 '임원의 퇴직금지급규정'에 대해서만 살펴보도록 하자.

법인에 필요한 규정

법정규정	사내규정
• 정관 • 임원보수지급규정 • 임원퇴직금지급규정 • 취업규칙(상시근로자 10인 이상)	• 유족보상금지급규정 • 여비교통비지급규정 • 학자금지급규정 • 경조금지급규정 • 복리후생지급규정 • 통신비지급규정 • 교육훈련규정 • 모범사원포상규정 • 위임전결규정

임원보수지급규정을 만들라

임원의 보수나 퇴직금과 관련된 규정이 왜 필요할까? 임원은 법적으로 '위임직'이라는 특수한 지위를 갖기 때문이다. 근로자는 일한 만큼 보상을 받아야 하지만 임원은 '기여'한 만큼 '보상'을 받는 것이 원칙이다. 따라서 '얼마나 기여했는가'와 '어떻게 보상을 할 것인가'

에 대한 원칙이 있어야 한다. 이 내용을 담고 있는 문서가 바로 정관과 임원보상 규정이다.

임원의 보수와 관련된 이슈는 크게 '얼마로 정해야 하는가'와 '어떻게 정해야 하는가'로 나누어 생각해야 한다. 둘 다 리스크 관점에서 보면 세금과 관련이 있지만 그 성격은 다르다. '얼마로 정해야 하는가'는 개인의 절세에 대한 문제인 반면 '어떻게 정해야 하는가'는 법인의 비용인정에 관한 것이기 때문이다. 임원의 보상과 관련해서는 이렇게 돈을 주는 법인의 입장과 받는 임원의 입장으로 나누어서 이해하는 것이 필요하다.

임원의 급여를 얼마로 정하는 것이 절세 측면에서 가장 유리한지는 4장에서 다루도록 하겠다. 여기에서는 임원 보수의 법적인 측면 즉, 어떻게 해야 비용으로 인정받을 수 있는지에 대해서만 알아보도록 하겠다. 임원에게 지급한 급여를 비용으로 인정받지 못하게 되면 가지급금으로 처리가 되어 불이익이 발생할 수 있기 때문이다.

세법은 임원이 받는 보수에 대해 법적 기준을 충족하지 못하면 비용으로 인정하지 않는다. 취지는 사전에 정해진 급여 지급의 기준이 없이 법인의 의사결정에 영향력이 있는 임원들이 자의적 결정에 의해 급여 명목으로 법인의 이익을 분여해 가는 것을 손금으로 인정하지 않기 위해서다.

세법에는 임원에게 지급한 보수가 비용으로 인정받지 못하는 경우를 다음과 같이 정하고 있다.

- 이익처분에 의해 지급하는 상여금

- 임원에게 지급하는 상여금 중 정관·주주총회·이사회의 결의에 의해 결정된 급여지급기준에 의해 지급하는 금액을 초과해 지급한 경우
- 지배주주 등(특수관계자 포함)인 임원 또는 사용인에게 정당한 사유 없이 동일직위에 있는 지배주주 등 외의 임원 또는 사용인에게 지급하는 금액을 초과해 보수를 지급한 경우
- 상근이 아닌 법인의 임원에게 지급하는 보수 중 법인세법 제52조의 부당행위에 해당하는 경우

임원의 보수지급규정과 관련해서는 위의 두 번째 법 규정을 눈여겨보아야 한다. 임원에게 지급한 보수가 법인의 손비로 인정받기 위해서는 원칙적으로 임원의 급여지급규정이 있어야 하고, 그 규정이 정관·주주총회·이사회의 결의에 의해 결정되어야 하며, 지급기준 이내의 금액을 지급해야 한다는 것으로 요약할 수 있다.

물론 이런 절차만 지켰다고 모두 비용으로 인정받는 것은 아니다. 세법은 형식보다 실질을 더 중요하게 생각하기 때문이다. 특별한 이유 없이 같은 지위에 있는 다른 임원이나 사용자보다 가족에게 더 많은 급여를 지급하면 비용으로 인정하지 않는다. 또한 일하지 않거나 기여하지 않은 가족에게 보수를 주면 비용으로 인정하지 않는다. 이는 일하지 않는 배우자를 임원으로 등기하고 급여를 주는 경우, 아들을 직원으로 올리고 지나치게 많은 급여를 지급하는 경우 등을 비용으로 인정하지 않는다는 것이다. 중소기업에는 실제 이런 경우가 적지 않다.

임원의 보수지급 규정을 만드는 원칙

정관 + 규정

연간지급한도 조항을 넣을 것
별도 규정에 위임한다는 조항을 넣을 것

일반적이고 반복되며 모든 임원에게
적용되는 별도의 규정을 만들 것

이야기가 길어질 수 있으므로 이 장의 주제에만 집중해보자. 그럼 임원의 보수와 관련된 규정은 어떻게 만들어야 할까? 원칙대로라면 주주총회를 통해 임원보수의 한도와 지급액을 결정해야 한다. 그리고 매년 임원의 연봉계약서를 쓰되 연봉이 인상되거나 큰 금액의 인센티브를 지급하는 경우에는 구체적이고 일반적인 평가방법과 근거를 남겨야 한다.

하지만 중소기업이 이런 법적 요건을 갖추고 규정을 엄격히 지키기는 현실적으로 어렵다. 그래서 실무적으로는 임원보수와 관련된 규정은 한도만 정하고 어느 정도 자율적으로 지급해도 크게 문제가 되지는 않는다. 외감 이상의 기업이 아니라면 상식적인 수준에서 매월 혹은 매년 정기적으로 지급하는 급여는 세무적으로 분쟁이 거의 발생하지 않는다.

그렇다고 규정을 만들 필요가 없다는 말은 아니다. 작은 것부터 규정과 시스템을 만들어 운영하는 것은 미래를 위해서도 중요하므로 이 기회에 회사의 정관과 규정을 한번 점검하고 개정하길 권한다. 준비해서 손해 볼 일은 없지 않을까?

임원 퇴직금에서 발생하는 리스크

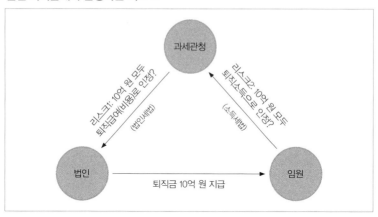

임원퇴직금지급 규정에서 발생하는 리스크

소위 말하는 'CEO 플랜'이라는 마케팅 수단은 임원의 퇴직금 제도 때문에 생겼다. 이 제도는 최근 10년간 논란도 많았고 관련된 세법도 몇 번이나 바뀌었다. 향후에도 분쟁이 많이 발생할 것으로 예상되기 때문에 정확히 이해할 필요가 있다.

이와 관련해 발생할 수 있는 리스크 이슈는 크게 두 가지다. 먼저는 법인이 임원에게 지급한 퇴직금이 법인세법상 비용으로 인정되는지, 그다음은 임원이 법인으로부터 받은 퇴직금은 소득세법상 퇴직소득으로 인정되는지다. 이는 세법에 대한 개념과 법인의 구조에 대한 이해가 없으면 이해하기 어려운 문제다. 심지어 자칭 컨설턴트라고 하는 사람조차도 이 개념을 분명하게 알고 설명하는 경우가 많지 않다.

법인 입장: 임원퇴직금의 비용인정 리스크

먼저는 법인과 과세관청 사이의 문제다. 만약 임원에게 지급한 퇴직금 10억 원이 비용으로 인정받지 못하면 어떻게 될까? 세법에서 정한 요건을 채우지 못해 손금불산입 처분을 받으면 법인세를 부담해야 하는 동시에 임원의 가지급금으로 처리되어 다음과 같은 각종 불이익과 금전적인 손실이 발생하게 된다. 퇴직금으로 받은 10억 원을 전부 세금으로 토해내야 될 수도 있는 것이다.

퇴직금 10억 원이 비용으로 인정되지 않는 경우 예상되는 세부담

(단위: 원)

구분	금액
퇴직금 손금불산입으로 추가되는 법인세	220,000,000
법인세의 과소신고 가산세	22,000,000
법인세의 납부지연 가산세	60,225,000
대표자 상여처분으로 추가되는 소득세	462,000,000
소득세의 과소신고 가산세	46,200,000
소득세의 납부지연 가산세	126,472,500
소득경정으로 추가되는 건강보험료	66,700,000
합계	**1,003,597,500**

* 법인세율: 20%, 소득세율: 42%, 3년 경과 후, 지방세 포함해 가정

퇴직금을 비용으로 인정받으려면 '규정'이라는 형식요건뿐 아니라 '내용'이라는 실질요건도 만족해야 한다. 임원 퇴직금에 대해 컨설팅을 하면서 흔히 하기 쉬운 실수가 바로 형식요건, 그 중에서도 법인의 정관과 규정만을 강조하는 것이다. 앞서 몇 번 이야기했지만 세법은 '실질'을 더 중요하게 생각한다. 아무리 절차를 지키고 증빙을 갖추었어도 탈세의 의도가 있었다고 판단되면 소명자료 제출이

나 세무조사를 받을 수 있다. 그럼 이 '실질'을 누가 판단할까? 세무공무원이 판단한다. 이런 세법과 세무행정의 속성을 알아야 임원 퇴직금의 손금산입 요건도 이해할 수 있다.

임원퇴직금의 비용인정 요건

구분	내용
형식요건(필요조건)	• 현실적으로 퇴직하는 경우일 것 • 실제로 지급할 것 • 정관에 정해진 금액일 것 • 연금 또는 일시금으로 지급할 것
실질요건(충분조건)	• 모든 임원에게 계속적, 반복적으로 적용될 것 • 재직 중의 근로나 공헌의 대가일 것 • 사회통념이나 상관행에 비추어 정당할 것

이 중 지금 주제와 관련 있는 것은 '정관에 임원의 퇴직금 지급기준이 있는 경우 그 지급기준 이내의 금액만 손비로 인정'된다는 내용이다. 즉 임원에게 퇴직금을 지급하려면 정관에 '임원퇴직금지급' 규정이 있어야 한다는 말이다. 그럼 정관에 규정이 없다면 임원은 퇴직금을 받을 수 없을까? 세법은 상식적인 판단을 중요시한다. 회사를 위해 몇십 년 일했는데 규정이 없다는 이유로 퇴직금을 받지 못한다면 그 또한 합리적이지 않다. 그래서 정관에 규정이 없더라도 근로자가 받는 정도의 퇴직금은 법적으로 보장하고 있다.

최근 3년 평균 연봉이 1억 원이고 20년간 근속한 대표가 퇴직하는 경우 정관의 규정 유무에 따라 퇴직금의 비용인정 금액이 얼마나 차이가 나는지 계산해보자. 다음의 표에서 보듯 꽤 많은 금액이 차이 나는 것을 알 수 있다.

중소기업의 오너에게 임원퇴직금만큼 중요한 소득 통로이자 절

정관 규정에 따른 임원퇴직금의 비용인정 금액 차이

구분	계산	퇴직금
정관에 지급할 금액이 3배수로 정해진 경우	3년 평균 연봉의 1/10 × 근속연수 × 3배	6억 원
정관에 지급할 금액이 정해지지 않은 경우	1년 평균 연봉의 1/10 × 근속연수	2억 원

세 도구는 없다. 따라서 최대한 퇴직금을 많이 받을 수 있도록 규정을 설계한 후 실제로 지급할 수 있도록 재원을 마련하는 것이 S.M.A.R.T. 관점에서 중요하다.

임원 입장: 임원퇴직금의 소득인정 리스크

두 번째 이슈는 법인이 아닌 임원과 과세관청 사이의 문제다. 지급받은 10억 원이 법인세법에서는 비용으로 인정을 받았으나 소득세법상 퇴직소득으로 인정받지 못하면 어떻게 될까? 만약 퇴직금 10억 원 중에서 5억 원만 퇴직소득으로 인정되면 나머지는 상여금으로 처분된다. 이에 따라 고율의 소득세가 발생할 수도 있다.

같은 조건에서 10억 원이 전부 퇴직소득으로 인정받는 경우와 5억 원만 퇴직소득으로 인정받고 나머지 5억 원은 상여로 처분되어 종합

전액 퇴직소득으로 인정받는 경우와 일부만 인정받는 경우의 예상 세부담

구분	적용되는 소득	부과되는 세금	세부담 합계
10억 원 중 5억 원만 퇴직소득으로 인정되는 경우	퇴직소득세(5억 원)	65,301,500원	296,301,500원
	종합소득세(5억 원)	231,000,000원	
10억 원 전부가 퇴직소득으로 인정되는 경우	퇴직소득세(10억 원)	201,754,667원	201,754,667원

소득으로 바뀌는 경우의 세부담을 비교해보면 약 1억 원 가까이 세금 차이가 발생하는 것을 알 수 있다.

일반적으로 퇴직소득은 개인이 납부하는 소득세 중 가장 세부담이 낮고 다른 종합소득과 합산하지 않는 분류과세다. 또한 다른 소득과 달리 건강보험료를 부과하지도 않는다. 이는 단시간에 벌어들인 소득에 비해 장기간에 걸쳐 만들어지는 퇴직소득에 혜택을 더 주려는 세법의 취지 때문이다. 경마나 도박으로 딴 돈보다 20년 근속해서 받은 퇴직금의 세부담이 적어야 하는 것은 당연하지 않겠는가.

이런 혜택을 얻기 위해서는 임원의 퇴직금 전부를 소득세법상의 퇴직소득으로 인정받아야 한다. 이를 위해 임원퇴직금지급 규정에 정해야 할 가장 중요한 핵심은 '지급배수'다. 이 규정은 근로자퇴직급여보장법에는 없는 개념으로 임원의 퇴직소득에만 적용된다.

지급배수 규정은 크게 세 번 바뀌었다. 2011년 12월 31일 이전에는 배수에 관한 규정이 없어서 정관에 정한 대로 모두 퇴직소득으로 인정받았다. 이후에 3배수로 줄고, 2020년 1월 1일 이후부터는 2배수로 줄게 되었다. 임원 퇴직금의 절세 효과가 계속 줄어든 것이다.

만약 소득세법의 한도 금액 이상으로 퇴직금으로 수령했다면 이를 초과하는 금액은 근로소득세로 과세되기 때문에 세부담이 늘어

임원 퇴직소득 지급배수 규정의 변화

난다. 따라서 소득세법의 임원 퇴직소득 한도를 계산해 그 범위 내로 퇴직금지급 규정을 만드는 것이 세금 리스크를 피하는 방법이다.

임원퇴직금의 배수제 설계 사례

임원퇴직금 규정의 핵심은 배수제 설계에 있다. 임원의 퇴직금과 관련된 정관과 규정을 만들거나 개정할 때는 법인의 창업일, 임원으로 취임한 날짜, 근속기간 그리고 관련 규정의 개정 여부에 따라 지급 배수를 전략적으로 적용해야 하므로 매우 복잡하다.

2011년 12월 31일 이전에 배수제를 설계한 경우

만약 회사가 2011년 12월 31일 이전에 유효한 상법 절차에 따라 정관을 변경해 임원 퇴직금에 대한 배수를 5배수로 정한 경우에 2012년 이후 분에 대해 3배, 2020년 이후 분은 2배를 초과하는 배수는 근로소득으로 과세되므로 한도에 맞추어서 배수제를 변경하는 것이 좋다. 이 경우를 가정한 퇴직금의 산정 규정은 아래와 같다.

제00조【퇴직금의 산정】

① 2011년 12월 31일 이전 근속기간에 대한 퇴직금
  1. 임원의 퇴직금 산정은 퇴직 직전 3년간의 총급여를 기준으로 다음과 같이 산정한다.
     [퇴직한 날부터 소급해 3년 동안 지급받은 총급여 × 1/10 × 근속연수 × 지급배수]
  2. 임원에 대한 근속기간별 지급기준 1년에 대한 지급배수는 다음과 같다.

대표이사	사내이사	감사
5배수	5배수	5배수

---

② 2012년 1월 1일 이후 근속기간에 대한 퇴직금

1. 임원의 퇴직금 산정은 3년간의 총급여를 기준으로 다음과 같이 산정한다.

    (2019년 12월 31일부터 소급해 3년 동안 지급받은 총급여의 연평균환산액 × 1/10 × 2012년 1월 1일부터 2019년 12월 31일까지의 근무 기간/12 × 3)+퇴직한 날부터 소급해 3년 동안 지급받은 총급여의 연평균환산액 × 1/10 × 2020년 1월 1일 이후의 근무 기간/12 × 2

2012년 1월 1일 이후 최초로 배수제를 설계하는 경우

만약 2011년 12월 31일 이전에 정관에 지급배수에 관한 규정이 없어 2012년 1월 1일 이후 최초로 설계하는 경우라면, 그 지급하는 금액은 소급해 적용할 수 있다. 하지만 한도 계산 규정에 따라 2012년 이후 근무 기간 분은 3배, 2020년 이후 근무 기간 분은 2배를 초과하는 금액은 근로소득으로 과세된다. 따라서 2012년 이후 최초로 배수제를 설계하면 지급배수는 법 규정에 따라 3배수 또는 2배수로 정하는 것이 합리적이다. 이를 가정한 퇴직금 산정 규정은 다음과 같다.

제00조【퇴직금의 산정】

① 2011년 12월 31일 이전 근속기간에 대한 퇴직금

1. 임원의 퇴직금 산정은 퇴직 직전 3년간의 총급여를 기준으로 다음과 같이 산정한다.

    [퇴직한 날부터 소급해 3년 동안 지급받은 총급여 × 1/10 × 근속연수 × 지급배수]

2. 임원에 대한 근속기간별 지급기준 1년에 대한 지급배수는 다음과 같다.

대표이사	사내이사	감사
3배수	3배수	3배수

② 2012년 1월 1일 이후 근속기간에 대한 퇴직금

1. 임원의 퇴직금 산정은 3년간의 총급여를 기준으로 다음과 같이 산정한다.

(2019년 12월 31일부터 소급해 3년 동안 지급받은 총급여의 연평균환산액 × 1/10 × 2012년 1월 1일부터 2019년 12월 31일까지의 근무 기간/12 × 3)+퇴직한 날부터 소급해 3년 동안 지급받은 총급여의 연평균환산액 × 1/10 × 2020년 1월 1일 이후의 근무 기간/12 × 2

2020년 1월 1일 이후 설립된 회사의 지급배수를 설계하는 경우

만약 2020년 1월 1일 이후에 설립된 회사라면 이전에 개정된 지급배수 규정을 만드는 것이 간단하다. 다음과 같이 2배수로 정하면 되기 때문이다.

제00조【퇴직금의 산정】

1. 임원의 퇴직금 산정은 퇴직 직전 3년간의 총급여를 기준으로 다음과 같이 산정한다.
   [퇴직한 날부터 소급해 3년 동안 지급받은 총급여 × 1/10 × 근속연수 × 지급배수]
2. 임원에 대한 근속기간별 지급기준 1년에 대한 지급배수는 다음과 같다.

대표이사	사내이사	감사
2배수	2배수	2배수

위의 세 가지 경우는 모두 퇴직금 금액과 관계없이 근로소득으로 과세되는 부분이 없도록 설계한 사례다. 하지만 회사의 상황에 따라 모두 퇴직소득으로만 과세되도록 설계할 것인지, 근로소득세를 부담하고서라도 한도를 초과하는 배수제를 설계할 것인지에 대한 선택의 문제는 상황에 따라 달라질 수 있다.

4장

임원과
리스크

임원 리스크

4장에서는 임원의 보상 때문에 발생하는 리스크를 설명하려고 한다. 다음의 리스크를 체크해본 후 책을 읽으면 실질적으로 도움이 되는 지식을 얻게 될 것이다.

문항	주제	내용	체크란
1	임원의 급여	근무하지 않는 가족이나 임원에게 급여를 주고 있다.	
2		함께 근무하는 가족을 임원으로 등기하지 않았다.	
3		임원 급여의 소득세 과세표준이 4,600만 원 보다 작거나 8,800만 원보다 크다.	
4		근로소득 외에 종합소득금액이 3,400만 원이 넘는다.	
5		매출이나 이익의 규모에 비해 임원의 급여가 너무 적다.	
6	임원의 퇴직금	임원의 퇴직금과 관련된 정관이나 규정을 어떻게 만들어야 하는지 모른다.	
7		임원의 퇴직금을 어떻게 활용해야 절세가 되는지 모른다.	
8		매년 임원의 퇴직금을 추산하지 않는다.	
9		임원의 퇴직금을 지급하기 위한 충분한 준비를 하지 못한다.	
10	임원의 가지급금	가지급금이 얼마나 되는지 정확히 파악하지 못한다.	
11		가지급금이 왜 발생하는지 이해하지 못한다.	
12		가지급금의 인정이자를 불리한 방식으로 적용하고 있다.	
13		가지급금을 어떻게 해결해야 할지 방법을 모른다.	
14	임원의 가수금	가수금이 왜 발생하는지 이해하지 못한다.	
15		매출 누락이나 가공경비로 인해 가수금이 발생했다.	
16		가수금을 어떻게 처리해야 할지 방법을 모른다.	

해설

1. 근무하지 않는 가족을 임원으로 등기하고 급여를 지급하거나 비상근임원에게 지나치게 많은 급여를 지급하면 부당행위로 세무적인 리스크가 발생할 수 있다.

2. 함께 근무하는 가족은 근로자가 아닌 임원으로 등기하는 것이 급여나 퇴직금을 활용한 절세를 하기에 유리하다.

3. 임원(오너)의 급여는 너무 적어도 안 되고 너무 많아도 좋지 않다. 소득세 과세표준을 기준으로 8,800만 원 정도까지는 급여가 다른 소득보다 실효세율이 낮은데 이는 월급을 기준으로는 매달 약 1,000만 원 정도다.

4. 근로소득 외에 다른 종합소득금액이 3,400만 원이 넘으면 추가로 건강보험료가 발생한다. 또 소득이 없는 자녀에게 배당하는 경우에 3,400만 원이 넘으면 피부양자에서 빠지므로 주의해야 한다.

5. 오너와 임원의 급여는 기업의 성장과 이익의 규모에 맞춰 최대한 높이는 것이 좋다. 그래야 법인세 절감 효과와 가업승계 시 증여세나 상속세의 절감 효과를 최대한 누릴 수 있다.

6. 임원의 퇴직금이 세법상 퇴직급여로 인정받기 위해서는 상법과 세법의 요건을 충족한 규정이 있어야 한다. 이 규정은 회사의 업력과 소득세법의 규정에 맞게 설계되어야만 한다.

7. 임원의 퇴직금은 절세를 위한 만능열쇠다. 회사를 청산할 때나 가업을 승계할 때 임원 퇴직금 지급 여부에 따라 부담해야 할 세금의 차이는 엄청날 수 있다.

8. 임원의 퇴직금은 오너와 가족에게 최후의 보루이며 절세의 멀티툴이다. 반드시 매년 퇴직금을 추산해보고 잘 준비되고 있는지 점검할 필요가 있다.

9. 임원의 퇴직금은 반드시 일시에 현금이나 이에 준하는 금융상품으로 지급해야만 퇴직급여로 인정받을 수 있다. 규정만 갖추는 것은 의미가 없으므로 실제로 지급할 수 있는 재원을 준비해야 한다.

10. 가지급금은 사업에 수많은 불이익을 가져온다. 특히 결정적인 순간에 사업을 진퇴양난에 빠트릴 수 있으므로 매년 결산 때마다 가지급금을 꼼꼼히 점검해야 한다.

11. 가지급금은 잘못된 경영습관이 누적되어 발생하는 '법인의 성인병' 같은 것이다. 가지급금 해결의 출발은 원인을 정확하게 파악하는 것이다.

....

12. 가지급금은 인정이자가 발생한다. 인정이자를 어떻게 적용하느냐에 따라 금전적인 손해의 크기가 달라지므로 유리한 이자율을 적용하도록 세무대리인과 의논하는 것이 좋다.

....

13. 가지급금의 해결법으로는 치료와 수술이 있다. 치료를 통해 체질을 개선하고 건강한 사업으로 바꾸어 가는 것이 바람직하지만, 급하거나 규모가 큰 경우라면 수술이 필요할 수도 있다. 단 모든 수술에는 부작용이 따른다는 사실은 유념해야 한다.

....

14. 가수금이 있다고 다 문제가 되는 것은 아니다. 오히려 경영자가 왜 가수금이 발생했는지 이유를 모르는 게 더 큰 문제다. 가수금은 발생 경로에 따라 엄청난 위험으로 바뀔 수 있기 때문이다.

....

15. 가수금도 가지급금과 마찬가지로 여러 가지 부작용을 일으킬 수 있다. 사업을 하다 보면 회사에 돈이 부족해 개인의 자금을 투입해야 하는 경우가 있다. 이렇게 발생하는 가수금은 큰 문제가 없지만, 매출 누락이나 가공경비 때문에 발생한 가수금은 세무적으로 큰 위험이 될 수 있다.

....

16. 가수금은 부채비율을 높인다. 따라서 오너가 실제로 법인에 대여한 자금이라면 자본금으로 바꾸는 것도 좋은 해결책이다. 이를 통해 기업의 신용을 높여 자금조달 비용을 낮출 수도 있다.

....

임원 리스크, 핵심은 보상이다

바지사장도 임원일까

임원의 리스크를 이해하기 위해서는 먼저 누가 임원인지 알아야 한다. 임원인지 아닌지에 따라 보상의 범위와 부당행위 여부가 달라지기 때문이다. 예를 들어 우리가 흔히 말하는 '바지사장'은 임원일까? 등기부등본에 대표이사로 등기되어 있으니 자동으로 임원이 되는 걸까? 아니면 모든 것을 실소유주가 결정하기 때문에 근로자로 봐야 할까?

문제는 임원 여부를 판단하는 법이 하나가 아니라는 것이다. 민법과 상법, 법인세법, 근로기준법은 각 법의 취지에 따라 임원으로 인정하는 기준이 다르다. 지금부터 설명할 임원의 보상과 관련된 리스크를 이해하기 위해서는 임원의 법적인 개념 정도는 파악해둘 필요가 있다.

상법에서는 주주총회에서 선임된 이사와 감사를 임원이라 말한다. 회사와의 관계는 위임관계로 위임은 주주가 임원에 대해 회사

임원의 법적 정의

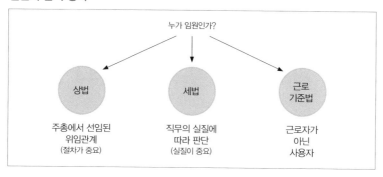

의 사무처리를 위탁하고 임원이 이를 승낙함으로써 그 효력이 생긴
다. 수임인인 임원은 위임의 취지에 따라 선량한 관리자로서 회사의
일을 처리해야 한다. 이 위임계약은 근로계약과는 달리 주주와 임원
당사자가 언제든지 해지할 수 있다.

세법상 임원은 법인의 경영에 종사하는 사람으로서 사용인과 같
은 개념이다. 일반적으로는 회사의 이사 및 감사 등 법률상 임원으
로 등기된 사람을 말하는데 세무적으로는 그 직책과 관계없이 종사
하는 직무의 실질에 따라 판단한다.

실무적으로는 상법과 세법에서 말하는 임원이 어떻게 다른가를
이해하는 것이 중요하다. 포인트는 상법이 절차를 중요하게 생각하
는 반면, 세법은 실질을 중요하게 생각한다는 것이다. 이 프레임은
이 책에서 설명하는 법인, 임원, 주주 리스크 전반에 적용되는 원칙
으로 계속 반복이 된다.

근로기준법상 임원은 근로자가 아닌 사람을 말한다. 근로기준법
의 근로자에 해당하는지를 판단함에서는 형식과 관계없이 그 실질

로 파악한다. 즉 사업 또는 사업장에 임금을 목적으로 종속된 관계에서 사용자에게 근로를 제공했으면 근로자로 판단하는 것이다. 따라서 단순히 형식적으로 법인등기부에 임원으로 등재된 것만으로 근로자로서 노동법적 보호를 받지 못하는 것이 아님에 유의해야 한다. 대법원 판례를 보면 대표이사라고 하더라도 근로자로 인정받은 사례가 있다.

임원은 무보수가 원칙

중소기업은 통상 지배주주인 오너가 자신과 가족을 임원에 선임한다. 공과 사의 경계가 불분명해지기 쉬운 구조므로 임원을 선임하는 절차나 임원의 법적인 지위와 보상에 대해서 무심하기 쉽다. 하지만 개념적으로 분명히 알아둬야 할 것은 '임원은 주주의 위임을 받아 회사를 경영하고 그 기여에 대한 보상을 받는다'는 것이다. 따라서 임원의 보수를 정할 때 '어떻게 기여를 했고, 보상을 얼마나 줄 것인지'가 임원의 보상과 관련된 리스크의 핵심 이슈다.

회사의 업무집행권을 가진 이사 등 임원은 회사로부터 일정한 사무처리의 위임을 받고 있다. 임원은 사업자의 지휘·감독 아래 일정한 근로를 제공하고 소정의 임금을 받는 고용관계에 있는 것이 아니기 때문에 일정한 보수를 받는 경우에도 이는 근로기준법 소정의 임금과는 다르다. 위임계약은 특약이 없는 한 무보수가 원칙이다. 그러므로 임원은 최저임금의 대상이 아닐뿐더러 법적으로 정해진 보수의 상한액도 없다. 하지만 이 말을 오너의 마음대로 보수를 정해도 된다는 것으로 오해하면 안 된다.

임원의 보수를 정하는 원칙

이사의 보수는 그 액을 정하지 않았을 때는 주주총회의 결의로 이를 정한다. 여기에서 말하는 이사의 보수에는 월급·상여금 등 명칭을 불문하고 이사의 직무수행에 대한 보상으로 지급되는 대가가 모두 포함된다. 그리고 퇴직금 또는 퇴직위로금도 그 재직 중의 직무집행의 대가로 지급되는 보수의 일종이다.

임원과 관련된 규정은 강행규정이므로 정관에서 '이사의 보수 또는 퇴직금에 관해 주주총회의 결의로 정한다'고 되어있는 경우, 그 금액·지급 시기·지급 방법 등에 관한 주주총회의 결의가 있었음을 인정할 증거가 없다면 이사는 보수나 퇴직금을 청구할 수 없다.

임원의 보수를 정관 또는 주주총회의 결의로 정하도록 한 것은 이사들의 고용계약과 관련해 사익 도모의 폐해를 방지함으로써 회사와 주주 및 회사채권자의 이익을 보호하기 위한 것이다. 그러므로 임원이 회사에 대해 제공하는 직무와 보수 사이에는 합리적 비례관계가 유지되어야 하며, 회사의 채무 상황이나 영업실적에 비추어 합리적인 수준을 벗어나서 현저히 균형성을 잃을 정도로 과다해서는 안 된다.

임원의 리스크는 보상 리스크

법인은 물리적 실체가 없기 때문에 경영을 할 수 없다. 주주의 위임을 받은 임원이 이 일을 대신하고 법인으로부터 대가를 받는다. 따라서 임원의 리스크를 한마디로 정의하면 '보상 리스크'다. 임원이 얼마나 기여했고 어떻게 보상받는지가 핵심이기 때문이다.

임원이 회사로부터 받을 수 있는 보상은 크게 급여와 상여, 퇴직금과 각종 보상금 등이 있다. 급여는 설, 추석, 휴가 보너스 등을 포함해 매년 정기적으로 받는 보수를 말한다. 상여금은 급여와 달리 비정기적인 보상으로 실적과 연동해 받는 인센티브로 이해하면 된다. 세법은 명칭과 상관없이 직무와 관련해 임원이 받는 모든 보상을 '보수'라고 부른다.

임원의 보수에서 발생하는 리스크

임원은 위임직이므로 보수를 지급하는 것이 의무가 아니다. 임원의 보수는 원칙적으로 회사에 기여한 대가로 지급하는 것이기 때문에 임원으로서 회사의 매출에 어떻게 기여했는지를 소명할 수 있어야 세무적인 문제가 발생하지 않는다. 다만 매월 정기적으로 지급하는 급여에 대해서는 법인세법에 별도의 규정이 없기 때문에 상식적인 수준이라면 크게 문제 되지는 않는다.

문제는 상여금이다. 법인세법에서는 임원의 상여금 손금불산입 요건을 엄격하게 적용하고 있기 때문에 주의해야 한다. 특히 중소기업의 경우 임직원 모두에게 상여금을 주지 않고 오너나 가족들만 상여금을 가져가는 경우 세무적으로 위험할 수 있으므로 가급적 상여

임원의 보상과 리스크

금 처분은 하지 않는 것이 좋다.

임원의 퇴직금에서 발생하는 리스크

임원의 퇴직금은 소위 CEO 플랜이라는 보험회사의 마케팅 때문에 이슈가 되었다. 2011년 12월 31일 이전에는 임원의 퇴직소득 한도에 대한 세법의 규정이 없었기 때문에 정관의 규정대로 퇴직금을 지급할 수 있었다. 그래서 임원은 근로자보다 5~10배 정도의 퇴직금을 가져가기도 했다. 이를 통해 오너는 소득세를 큰 폭으로 아낄 수 있었고 주식의 가치를 떨어뜨려 가업승계에도 활용할 수 있는 일거양득의 효과가 있었다.

하지만 늘 그렇듯 국세청 질의와 사례가 많아지자 세법은 임원의 퇴직소득을 3배수까지만 인정했고 2020년부터는 이를 2배수로 낮추었다. 이로 인해 임원 퇴직금의 실익이 많이 줄긴 했지만, 퇴직금은 여전히 절세의 하이패스 같은 역할을 한다.

임원의 보상금에서 발생하는 리스크

임원에게 급여와 퇴직금 외에 퇴직위로금, 유족보상금, 직무발명보상금, 특허양도보상금과 같은 각종 보상금을 지급하는 경우가 있다. 예전에는 직무발명보상이나 특허권 양도를 통해 낮은 비용으로 가지급금을 해결하기도 하고 유족보상금을 통해 소득세와 상속세를 아낄 수 있었다. 하지만 이제는 세법이 정교해졌고 특정 임원에게만 지급한 각종 위로금과 보상금이 전부 부인당하는 판례들이 나왔기 때문에 함부로 쓰면 위험한 양날의 칼이 되었다.

임원의 역보상 리스크

중소기업은 돈 관리에 있어서 회사와 개인의 구분이 명확하지 않다. 어차피 내 회사이고 내 돈이라는 생각 때문이다. 특히 개인기업을 오래 운영하다 법인으로 전환한 경우는 습관처럼 법인의 돈을 개인의 돈처럼 사용하기도 한다. 이럴 때 발생하는 것이 가지급금과 가수금인데 소유와 경영이 분리되지 않은 개인기업에는 없는 개념이다.

특히 법인의 오너로서 누리는 권리라고 착각하기 쉬운 가지급금은 보상이 아니라 오히려 역보상의 문제를 일으키기 때문에 주의해야 한다. 현실적으로 가지급금이 없을 수는 없지만 관리되지 않은 가지급금은 재무적으로나 세무적으로 손해를 가져올 수 있다.

임원의 급여

대표의 급여, 인상하고 분산하라

임원의 급여와 관련해서 어떤 리스크가 있는지, 그 리스크를 어떻게 관리하면 손실이 아닌 이익으로 바꿀 수 있는지에 대해 알아보자. 나는 컨설팅을 할 때 임원의 급여와 관련된 리스크를 진단하기 위해서 다음의 16가지 항목 정도를 체크한다. 이 질문들은 관련 법의 개정이나 환경의 변화에 따라 늘리기도 하고 줄이기도 한다.

- 소득세 과세표준이 4,600만 원 이하인가?
- 소득세 과세표준이 8,800만 원을 초과하는가?
- 근로소득 외에 종합소득금액이 3,400만 원을 초과하는가?
- 급여를 받지 않는 임원이 있는가?
- 급여가 동종업계나 지배주주 등 외의 임원에 비해 과다한가?
- 급여가 매출이나 이익의 규모에 비해 너무 적은가?
- 급여를 〈임원보수지급규정〉의 내용대로 집행하지 않는가?
- 매년 임원의 연봉계약서를 작성하지 않는가?

- 매년 회사의 실적과 연동해 임원의 연봉을 조절하지 않는가?
- 기본급이나 상여금을 수시로 필요에 따라 달리 지급하는가?
- 구체적이고 공정한 기준 없이 임원에게 상여(인센티브)를 지급했는가?
- 근무하지 않는 가족 임원에게 급여를 지급하고 있는가?
- 가족 임원에 대한 근무 사실을 소명할 자료가 없는가?
- 근무하지 않는 임직원에게 급여를 지급하는 사실을 직원이 하는가?
- 비상근 임원에게 과도한 연봉을 지급하고 있는가?
- 세법상 유효하지 않은 비과세소득을 지급하고 있는가?

이 항목들은 임원의 급여 자체에서 발생하는 리스크 만을 진단하기 위한 것이 아니다. 퇴직금이나 건강보험 등 임원의 급여와 관련된 중장기적인 리스크를 종합적으로 파악하기 위한 질문이다. 이 중에서 중소기업의 현실에 비추어 가장 중요하다고 생각되는 근무하지 않는 임원에게 급여를 주지 말 것, 급여를 너무 적게 가져가지 말 것, 급여를 분산할 것 세 가지만 설명하도록 하겠다.

근무하지 않는 임원에게 급여를 주지 말라

일하지 않는 사람에게 급여를 주면 안 된다는 것은 상식일 수 있다. 하지만 꽤 많은 중소기업이 근무하지 않는 임원에게 급여를 지급하고 있다. 크게는 두 가지 경우인데 비상근 임원에게 급여를 지급하는 경우와 가족을 임원으로 올리고 급여를 지급하는 경우다.

비상근 임원이란 '상근이 아닌 임원'으로 사외이사가 여기에 해당한다. 비상근 임원은 회사에 상근하지 않고 이사회에 참석해 안건 등을 심의하고 보수를 받게 되는데 이런 비상근 임원에게 지급하는 보수는 원칙적으로는 손비로 인정하지만 '부당행위계산의 부인'에 해당하는 경우에는 비용으로 인정받지 못한다. 결론적으로 중소기업은 현실적으로 비상근 임원을 둘 필요가 전혀 없으므로 '출근하지 않는 임원에게는 급여를 주면 안 된다'는 것이다.

"출근하지 않는데 급여를 주는 회사가 있나?"라고 말할 수 있겠지만, 그런 곳이 의외로 많다. 예를 들면 법인을 설립할 때 출자해서 주주가 된 경우나 주식을 명의신탁 한 경우, 그 대가로 임원으로 등기해주고 급여를 지급하는 경우다. 이에 대해 과세관청은 '실질적으로 법인의 업무에 종사하지 아니함에도 출자자라는 사유로 동 임원에게 보수를 지급하는 경우에는 부당행위계산부인규정이 적용된다'고 답하고 있다.

이보다 더 흔한 경우는 대표이사의 배우자나 자녀를 이사 또는 감사로 올리고 일정 급여를 지급하는 것이다. 만약 실제 근무하지 않고, 근로를 제공하지 않는 경우라면 명백한 부당행위에 해당한다. 이러한 사실이 과세당국에 적발되면 비용으로 처리한 급여를 손금불산입하게 되어 세금 추징은 물론 가산세 등의 불이익을 받을 수 있다.

그럼 과세관청은 부당행위로 의심되는 임원이 회사에 근무했는지를 어떻게 판단할까? (동종업계 대비 인건비 비중이 지나치게 높거나 내부제보로) 근무하지 않는 임원에게 급여를 지급하는 것으로 의심되면 과

임원 급여를 부당행위로 판단하는 기준과 근거

구분	내용
부당행위 판단의 기준	• 실제 근무 사실이 확인되는 경우: 손금산입 • 실제 근무 사실이 없는 경우: 손금불산입
부당행위 판단의 근거	• 조직도, 임직원 명부, 인사명령서 • 집무공간 여부, 정기적 출근 상태(출퇴근 기록부) • 이사회·주주총회 등 참석 여부 • 의사결정 참여 여부, 경영 활동 참여 여부 • 회사 내부서류의 결재 여부 • 상조회비 지출내역 • 식권 발행내역 • 신용카드 사용내역, 사용장소 등 • 당사자의 타 사업 영위 여부

세관청은 소명자료 제출을 요구한다. 이때 제출해야 할 서류는 대략 위 표와 같다.

그런데 이 내용을 잘 참고하면 향후 임원의 보수와 관련된 과세관청과의 분쟁에 대비해 무엇을 준비해야 할지를 알 수 있다. 실제 나의 고객 중에는 배우자의 근무 여부를 소명하라는 통지를 받고 위의 서류들을 꼼꼼히 준비해서 제출해 세무조사를 받지 않은 경우가 있다.

근무하지 않는 임원에게 급여를 주면 세무적인 리스크가 커질 수밖에 없다. 규모에 비해서 큰 금액일수록, 또 직원들이 이 사실을 알수록 위험은 더 커진다.

임원의 급여를 과세표준 8,800만 원까지 인상하라

상담하다 보면 매출과 이익이 상당한데도 불구하고 대표이사의 월급을 500만 원으로 책정한 기업이 많다. 마치 공식처럼 말이다. 연간 급여총액이 6,000만 원이라면 사람에 따라 다르겠지만, 과세표준

종합소득세 세율

과세표준	세율	누진공제
1,200만 원 이하	6%	–
1,200만 원 초과 4,600만 원 이하	15%	108만 원
4,600만 원 초과 8,800만 원 이하	24%	522만 원
8,800만 원 초과 1억 5,000만 원 이하	35%	1,490만 원
1억 5,000만 원 초과 3억 원 이하	38%	1,940만 원
3억 원 초과 5억 원 이하	40%	2,540만 원
5억 원 초과	42%	3,540만 원

은 약 3,500만 원 내외가 된다. 이 경우 부담하는 세율 구간은 15%이며, 이에 따른 예상 소득세는 약 417만 원(3,500만 원×15%−108만 원) 정도다. 이는 현재 우리나라 종합소득세의 7단계 초과누진세율 구조에서 2단계에 해당하는 낮은 수준이다.

대표이사의 급여를 얼마로 정할지에 대해 일률적으로 답을 줄 수는 없다. 회사의 규모, 이익 수준, 가족 구성, 공제와 감면 내역 등 여러 변수를 고려해야 하기 때문이다. 하지만 오랜 경험으로 가이드라인을 제시하자면 '소득세 과세표준 8,800만 원을 넘지 않는 수준' 정도를 권한다. 이 구간이 넘으면 명목세율이 24%에서 35%로 바뀌게 되어 세부담이 급등하게 되기 때문이다.

여기서 주의할 것은 1년간 받은 급여의 총액이 아닌 소득세 과세표준이 8,800만 원을 넘지 않아야 한다는 것이다. 자신의 정확한 소득세 계산내역과 과세표준이 궁금하다면 홈택스나 담당 세무사로부터 '소득세과세표준 확정신고 및 납부계산서'를 발급받아서 확인하면 된다.

급여가 낮으면 소득세와 건강보험료를 적게 낸다는 측면에서 당장은 이득으로 보일 수 있다. 하지만 퇴직소득세나 상속·증여세 등 모든 세금을 종합적으로 고려해보면 낮은 급여는 향후 더 큰 세금 부담으로 돌아올 수 있기 때문에 현명한 결정이 아니다.

특히 우리나라 상속세율은 상속세 과세표준이 30억 원을 초과하는 경우 50%의 명목세율을 부담해야 한다. 부동산에 부과되는 일부 징벌적 세금을 제외하면 가장 세율이 높다. 급여나 배당, 퇴직금 등을 통해 법인의 이익을 미리 개인 자산으로 바꾸지 않으면 주식의 가치가 높아져 결국 출구나 승계 단계에서 50%의 최고세율을 부담할 수도 있다.

따져보면 낮은 급여가 이익이 아닌데도 중소기업 대표들은 급여를 높이기 부담스러워한다. 직원들의 눈을 의식하기도 하지만 급여를 높임으로써 소득세와 건강보험료 등의 부담이 늘어나기 때문이다. 하지만 법인의 오너라면 장단기적인 효과를 모두 고려해 더 큰 그림을 그릴 줄 알아야 한다.

연봉을 5,000만 원 받을 때와 1억 원으로 인상했을 때 치러야 할 비용과 얻는 이익을 한 번 비교해보자. 그 전에 먼저 대표와 근로자의 세금은 성질이 좀 다르다는 것을 이해할 필요가 있다. 근로자의 경우 자신이 받은 임금과 납부하는 소득세만 생각하면 된다. 하지만 오너는 급여와 소득세뿐 아니라 이로 인해 증감되는 법인세, 건강보험료 그리고 퇴직금의 절세 효과까지 종합적으로 계산해봐야 한다. 법인세와 건강보험료의 회사부담분도 결국은 회사의 주인으로서 오너가 부담하는 돈이기 때문이다. 비용을 계산할 때 국민연금은 뺀

다. 국민연금은 단순히 사라지는 비용이 아니라 언젠가 나에게 다시 돌아오는 혜택이기 때문이다.

먼저 급여가 1억 원인 경우 오너의 이익을 계산해보자. 급여 1억 원으로 인해 발생한 총이익은 약 1억 4,724만 원이다. 급여 1억 원과 이에 해당하는 퇴직금 2,000만 원 그리고 손비처리로 인한 법인세 절감액 2,724만 원이 예상되기 때문이다.

반면 이런 이익을 얻기 위해 오너가 지불해야 하는 비용은 약 2,626만 원 정도가 된다. 세부적으로는 급여에 대한 종합소득세 1,636만 원, 퇴직소득세 224만 원 그리고 건강보험료 본인부담분과 회사부담분을 합쳐서 765만 원이다.

결론적으로 급여 1억 원을 통해 대표가 얻을 수 있는 이익은 약 1억 4,700만 원이고 이를 위해 지불해야 하는 비용은 약 2,600만 원이 되므로 비용부담률이 약 17.8% 정도다. 연봉이 5,000만 원일 때 비용이익률이 12.5%인 것과 비교하면 연봉을 두 배로 올리면서 5.3%p만 더 부담하면 된다는 계산이 나온다.

기업을 경영하는 오너라면 당장 세금 몇 푼 아끼는데 몰두하기보다 이런 계산을 통해 장기적이고 종합적인 절세 플랜을 세우고 실행해야 한다. 그래야 적은 이익에 큰 손실이라는 리스크를 피하고 절세를 통한 이익 늘리기가 가능하다.

그 시작은 바로 급여의 현실화다. 기업의 성과와 규모에 맞게 장단기 세금 예상액을 계산해 적절한 급여 수준을 매년 결정하기를 권한다. 다음 페이지의 표에서 보듯이 세금은 단편적이지 않고 서로 연결되어 영향을 주기 때문에 한두 가지 팁만으로 절세가 되지 않기

연봉 인상에 따른 비용/이익률

(단위: 원)

항목		계산	연봉 5,000만 원	연봉 1억 원
이익 (+)	①근로소득(연간)	월급여 × 12	50,000,000	100,000,000
	②퇴직소득(2배수)	① × 10% × 2	10,000,000	20,000,000
	③법인세 절세액 A[1]	(①+②) × 22%	13,200,000	26,400,000
	④법인세 절세액 B[2]	(① × 7.65%)/2 × 22%	420,750	841,500
	⑤이익 합계액	①+②+③+④	73,620,750	147,241,500
비용 (−)	⑥근로소득세	(①−공제액[4]) × 세율	4,793,250	16,368,000
	⑦퇴직소득세	(② × 10년 × 세율)/10	548,020	2,248,670
	⑧건보료 등[3] 납부액	① × 7.65%	3,825,000	7,650,000
	⑨비용 합계액	⑥+⑦+⑧	9,166,270	26,266,670
⑩비용/이익률		⑨/⑤	12.5%	17.8%

1 급여 및 퇴직금 비용처리로 인한 법인세 절세액(지방세 포함)
2 건강보험료 및 요양보험료 회사부담분 비용처리로 인한 법인세 절세액(지방세 포함)
3 건강보험료 및 요양보험료 개인부담분 및 회사부담분
4 공제액은 근로소득공제＋기본공제(150만 원)＋건강보험공제만 동일하게 적용

때문이다.

임원의 급여를 가족과 분산하라

중소기업 돈 관리의 핵심은 세금이다. 모든 것이 전산화되었기 때문에 탈세는 이제 통하지 않는다고 생각해야 한다. 세금을 내지 않고 사업하려는 생각은 애초에 하지 말고 차라리 낼 것 내고 편하게 다리 뻗고 자는 것이 좋다. 그렇다고 내지 않아도 되는 세금까지 굳이 낼 필요는 없다. 합법적인 테두리 안에서도 충분히 절세하는 방법은 많다. 애써 위험하게 탈세에 관심 가질 필요는 없다.

절세의 핵심 원리는 '분산'이다. 앞에서도 말했듯 부가가치세와 같은 정률세는 분산을 통해 아낄 수 없다. 하지만 소득세와 법인세,

상속·증여세 등은 초과누진세율 구조라 분산을 통해서 세금을 낮출 수 있다. 초과누진세율은 과세표준 금액을 여러 단계로 구분하고, 높은 단계로 올라감에 따라 점차 더 높은 세율을 적용하는 누진세율을 말한다.

이 초과누진세율 구조를 이용해 절세하는 방법이 바로 분산이다. 예를 들어보자. 당기순이익 4억 원인 회사를 2억 원 당기순이익을 내는 두 개의 회사로 나누면 법인세는 다음과 같이 절감할 수 있다. 물론 다른 조건을 고려하지 않고 단순 비교한 내용이지만 '분산을 통해 절세할 수 있다'는 원리를 이해하기에는 무리가 없다.

분산을 통한 절세의 원리

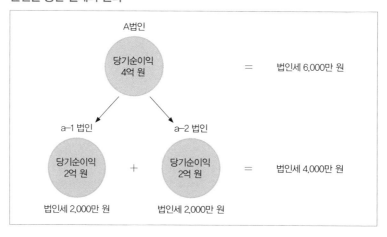

분산은 구체적으로 사람, 통로, 시점을 나누는 것이다. 혼자 급여를 다 가져가지 말고 가족들과 나누어 받는 것, 배우자와 공동명의로 부동산을 구입하는 것, 개인 사업자를 공동으로 등록하는 것 등

연봉 분산에 따른 비용/이익률

(단위: 원)

항목		연봉 1억 원 (대표 단독)	연봉 2억 원 (대표 단독)	연봉 2억 원 (가족과 6:4로 분산)	
				대표 1억 2,000만 원	가족 8,000만 원
이익 (+)	근로소득(연간)	100,000,000	200,000,000	120,000,000	80,000,000
	퇴직소득(2배수)	20,000,000	40,000,000	24,000,000	16,000,000
	법인세 절세액 A	26,400,000	52,800,000	31,680,000	21,120,000
	법인세 절세액 B	841,500	1,683,000	1,009,800	673,200
	상속세 절세액	–	–	–	48,000,000
	이익 합계액	147,241,500	294,483,000	342,483,000	
비용 (−)	근로소득세	16,368,000	54,631,500	23,399,750	11,352,000
	퇴직소득세	2,248,670	7,354,270	3,095,670	1,419,220
	건보료 등 납부액	7,650,000	15,300,000	9,180,000	6,120,000
	비용 합계액	26,266,670	77,285,770	54,566,640	
비용/이익률		17.8%	26.2%	15.9%	

이 모두 사람을 분산해서 절세하는 방법이다. 또 급여만 가져가지 말고 배당, 퇴직금으로 소득을 나누는 것, 주식을 증여하지 않고 양도하는 것, 초과배당을 통해 증여세를 소득세로 바꾸는 것 등이 통로를 분산하는 기술이다. 마지막으로 나중에 한 번에 상속하지 않고 사전에 미리 증여하는 것, 매출을 다음 해로 미루거나 비용을 당겨서 집행하는 것, 펀드를 나누어서 환매하는 것 등이 모두 시점을 분산하는 절세 스킬이다.

이 '분산'의 원리는 임원의 보수에 대한 소득세를 절세할 때도 동일하게 적용할 수 있다. 급여가 많지 않을 때는 굳이 가족을 통해 분산하는 효과가 없다. 하지만 보수를 높여야 하는데 소득세 부담이 지나치게 커진다면 가족이 나누어 급여를 받는 것이 큰 절세 효과를

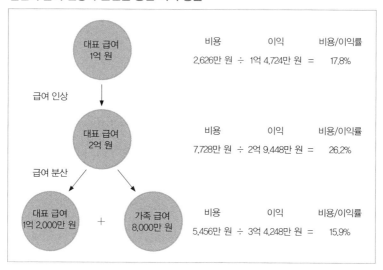

임원의 급여 인상과 분산을 통한 이익 창출

대표 급여
1억 원

비용	이익	비용/이익률
2,626만 원 ÷ 1억 4,724만 원 =		17.8%

급여 인상

대표 급여
2억 원

비용	이익	비용/이익률
7,728만 원 ÷ 2억 9,448만 원 =		26.2%

급여 분산

대표 급여
1억 2,000만 원   +   가족 급여
8,000만 원

비용	이익	비용/이익률
5,456만 원 ÷ 3억 4,248만 원 =		15.9%

만들어낼 수 있다.

자, 이제 이 개념으로 급여 분산을 통한 절세의 효과를 알아보자. 앞에서 대표의 급여가 1억 원일 때 비용부담률은 약 17.8%였다. 이 급여를 2억 원으로 올리면 비용부담률은 약 26.2%로 증가한다. 세율이나 비용률이 20%가 넘는 것은 좋은 전략이 아니다. 요즘은 아무리 절세해도 10% 이하로 세율을 낮추기는 불가능에 가까울 정도로 어렵다. 현실적으로는 10~20%대의 실효세율을 만드는 것이 절세의 목표다.

급여를 올리고 싶지만 오너의 비용부담률이 20%를 넘는 것은 효과가 많이 떨어지기 때문에 망설여지는 것도 사실이다. 이럴 때 가족을 통해 급여를 분산하면 비용부담률을 약 15.9%로 낮출 수 있다. 오히려 혼자 연봉 1억 원을 받을 때의 비용부담률 17.8%보다 더 낮은 부담으로 2억 원의 급여를 받을 수 있다.

어떤가? 분산하는 것만으로 연간 약 2,000만 원 이상의 비용과 세금을 아낄 수 있다. 리스크를 잘 관리하는 것만으로 약 10억 원 이상의 매출을 올리는 효과가 있는 것이 바로 이 책이 말하는 S.M.A.R.T. 경영이다.

정리해보자. 임원의 급여에서 발생할 수 있는 핵심 리스크 세 가지는 근무하지 않는 임원에게 급여를 주지 말 것, 급여를 너무 적게 가져가지 말 것, 급여를 분산할 것이다. 임원의 급여는 지나치게 높아도 좋지 않고 지나치게 낮으면 더 좋지 않다. 적당한 급여를 책정하는 것이 중요하다. 적당한 수준은 기업의 상황과 개인의 조건에 따라 다를 수 있다. 하지만 어느 정도는 계산을 통해 알 수 있다. 임원의 급여 리스크를 잘 분석하면 더 적은 비용과 세금을 부담하고 더 많은 소득을 만들 수 있다.

임원의 퇴직금 ①

해피 엔딩을 위한 최후의 보루

임원의 리스크 중에서 지금부터 다룰 퇴직금은 이 책의 하이라이트다. 중소기업 오너에게 임원의 퇴직금 제도는 비용 절감과 절세를 위한 최고의 솔루션이다. 임원의 퇴직금은 실질적으로 비과세에 가까운 소득이 될 수도 있기 때문에 제대로 이해하고 잘 활용하기만 한다면 절세를 위한 멀티툴이 되어 줄 것이다.

퇴직금을 지급할 때는 소득세와 법인세 절세

퇴직소득은 분류과세이기 때문에 다른 소득과 합산해 과세하지 않는다. 세금은 모아서 계산할수록 비싸지고 쪼갤수록 부담이 줄어들기 때문에 종합과세보다 분류과세가 더 유리할 수밖에 없다. 다음 페이지 도표처럼 개인이 내는 소득세 중에서는 퇴직소득과 양도소득만 따로 떼어 분류과세 한다.

그럼 퇴직소득은 다른 소득에 비해 절세 측면에서 얼마나 유리할까? 법인에서 10억 원의 보상을 받는 경우를 가정해서 계산해보자.

과세방식에 따른 소득세 구분

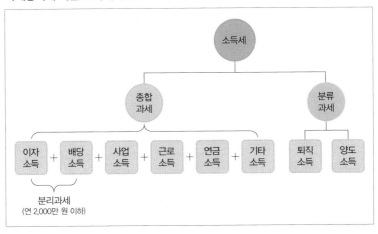

먼저 10억 원을 급여로 받게 되면 근로소득이 발생하는데 근로소득세는 6~42%의 명목세율로 부과된다. 지방세까지 포함하면 최대 46.2%의 세금을 부담해야 한다. 이 경우 개인의 상황에 따라 공제와 감면이 달라서 오차가 있을 수 있지만 실효세율은 약 40% 정도가 된다. 즉 10억 원의 보상을 받는데 급여로 받는 경우 약 4억 원 정도의 세금을 내야 하는 것이다.

만약 같은 금액을 배당으로 받게 되면 어떨까? 우선 배당소득은 금융소득으로서 이자소득과 합산해서 연간 2,000만 원 이하면 14%로 과세가 종결된다. 하지만 2,000만 원을 초과하는 경우라면 그 초과분은 다른 종합소득과 합산해서 과세한다. 이를 금융소득종합과세라고 한다. 원래 소득세는 위에서 말한 대로 최대 42%가 되어야 하지만 배당의 경우는 배당공제가 있어서 실효세율은 약 34% 정도가 최대다. 그러므로 10억 원을 배당으로 처분받게 되면 약 3억 4,000만

소득의 유형에 따른 소득세 차이

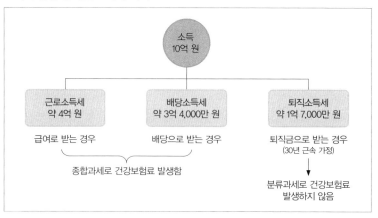

원 정도의 세금이 발생한다.

마지막으로 30년을 근속한 대표가 10억 원의 퇴직금을 받는다고 가정하면 세금 부담이 얼마일까? 퇴직소득세는 약 1억 5,000만 원 정도이고 지방세를 포함해도 1억 7,000만 원을 넘지 않는다. 법 개정으로 인해 예전보다는 부담이 많이 높아졌지만 여전히 다른 소득에 비하면 탁월한 절세 효과가 있다.

퇴직소득의 장점이 하나 더 있다. 건강보험료 부담이 없다는 것이다. 급여나 배당은 소득세 외에도 건강보험료 부담이 추가로 발생한다. 건강보험료와 요양보험료의 회사부담분과 개인부담분의 합계는 소득의 7.65%이므로 10억 원의 급여와 배당에 대해서 약 7,000만 원 이상의 추가 부담이 발생한다.

하지만 퇴직소득은 분류과세를 하기 때문에 건강보험료뿐 아니라 사회보험 납부와도 무관하다. 퇴직소득은 매년 발생하는 정기적

퇴직금 지급에 따른 법인세 절감 효과

소득이 아니라 오랜 기간 적립되어 평생 한두 번 정도 발생하는 소득이기 때문에 사회보험을 부과하지 않는 것이다. 건강보험료를 내지 않아도 된다는 것만으로 퇴직금은 이미 7% 넘는 비용을 아낀다.

임원의 퇴직금은 개인의 소득세뿐만 아니라 법인세를 동시에 아낄 수 있다. 매년 10억 원의 당기순이익이 나는 기업이 있다고 해보자. 공제와 감면이 없다고 가정하면 이 법인은 해마다 1억 8,000만 원의 법인세를 납부하게 된다. 그런데 만약 오너의 퇴임으로 10억 원의 퇴직금을 지급했다면 그해 법인의 당기순이익은 0원이 될 것이다. 이에 따라 납부할 법인세도 0원이 된다.

정리해보자. 임원의 퇴직금은 받는 임원의 입장에서는 소득세를 절세하고 건강보험료를 아낄 수 있을 뿐만 아니라 지급하는 법인의 입장에서도 법인세를 아낄 수 있다. 30년 근속한 대표가 10억 원의 퇴직금을 받게 되면 약 1억 7,000만 원 정도의 퇴직소득세와 지방세를 부담해야 한다. 하지만 이로 인해 법인세와 지방세만으로도 약 2억 원 정도를 절감할 수 있게 되므로 기업의 오너의 입장에서는 결과적으로는 세부담이 전혀 없는 실질적인 비과세 소득이 되는 것이다. 건강보험료 혜택과 증여세, 상속세의 절세 효과까지 고려한다면 퇴직금은 중소기업 오너를 위한 최고의 S.M.A.R.T. 솔루션이다.

법인을 청산할 때는 법인세와 소득세 절세

개인 사업과 달리 법인 사업은 청산할 때 세금이 발생할 수 있다. 해산으로 인해 소멸하는 내국법인은 청산소득에 대한 법인세의 납세의무가 있고 법인의 해산으로 인해 발생하는 잔여재산가액에서 출자한 자본금을 뺀 금액은 주주의 의제배당으로 처분되어 소득세가 발생한다. 의제배당은 상법상으로는 배당이 아니면서 세법상 배당으로 간주되는 것을 말한다.

만약 당신이 이번 달을 마지막으로 법인 사업을 정리하려고 결심했다면 이로 인해 얼마 정도의 세금이 발생할 것 같은가? 법인을 청산할 때 발생하는 세금을 추산하기 위해서는 대략 두 가지를 고려하면 된다. 현재 재무상태표 상의 순자산이 얼마인지와 자산 중에서 평가차익이 발생한 자산이 있는지 여부다.

개인 사업자는 해마다 5월 혹은 6월에 소득세를 납부함으로써 과세가 종결된다. 하지만 법인 사업자는 발생한 당기순이익을 사내유보 할지, 배당 등을 통해 사외로 유출할지를 결정해야 하는데 이때 사내유보 된 이익은 재무상태표에 이익잉여금으로 표시된다. 이 돈은 주주의 몫이므로 법인을 청산할 때 주주에게 돌려주고 이에 따른 배당소득세가 발생하게 되는 것이다. 순자산이 많을수록, 주주가 적을수록 이 배당소득세 부담은 높아진다.

만약 자산 중에 부동산이 있다면 청산 시 잔여재산가액은 더 늘어

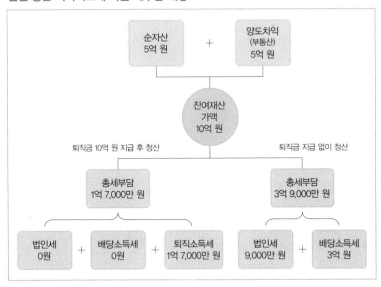

난다. 예를 들어 10억 원에 구입했던 자가공장이 현재 15억 원으로 시가가 상승했다면 이 부동산을 매각하는 경우 5억 원의 순자산이 증가하고 청산 시 잔여재산가액은 5억 원이 늘어날 것이다.

대표가 퇴직금을 받지 않고 법인을 정리한다면, 부동산 양도차익에 대한 법인세 약 9,000만 원과 이를 뺀 나머지 금액에 대한 배당소득세 약 3억 원 정도의 세금이 발생한다. 총 3억 9,000만 원 정도의 세부담이 발생하는 것이다.

같은 조건에서 만약 10억 원의 퇴직금을 먼저 지급하고 비용처리를 하게 되면 이 법인은 순자산이 증가하지 않았고 의제배당액도 없으므로 세부담이 0원이 된다. 대표는 지급받은 퇴직금에 대해 약 1억 7,000만 원 정도의 퇴직소득세는 납부해야 하지만 퇴직금을 지급하지 않은 경우에 비해서 약 2억 2,000만 원 정도의 세금을 아낄 수 있게 되는 것이다.

이처럼 임원의 퇴직금은 법인을 청산할 때 법인세와 배당소득세를 절감하는 효과를 극대화하는 매우 중요한 소득이므로 반드시 충분한 퇴직금을 받아갈 수 있도록 준비할 필요가 있다.

가업을 승계할 때는 증여세와 상속세 절세

어떤가? 이 정도면 임원의 퇴직금이 정말 막강한 절세의 치트키처럼 느껴지지 않는가? 지금까지 설명한 내용만으로도 임원 퇴직금에 대한 호감도가 급상승했겠지만 당신을 흥분시킬 솔루션이 아직 하나 더 남았다. 바로 가업을 승계할 때 모든 세금의 종착역인 증여세와 상속세를 아껴주는 가장 강력한 소득이 바로 임원의 퇴직금이라는 사실이다.

기업주를 만나보면 소득세와 법인세를 아끼기 위한 관심과 노력이 대단하다. 하지만 그래 봐야 몇백만 원 혹은 몇천만 원 아끼는 것이 고작이다. 정작 상속이나 증여 단계에서는 세금이 몇억 원씩 왔다 갔다 할 수도 있는데 이 부분은 남의 이야기, 먼 이야기라고 생각한다. 잘 모르기도 하거니와 당장 이야기를 꺼내기가 껄끄럽기도 하기 때문인 것 같다.

하지만 상속과 증여의 문제는 엄연한 현실이다. 중소기업중앙회에서 실시한 〈2019 중소기업 가업승계 실태조사〉를 보면 가업승계 과정의 어려움으로 77.5%의 기업이 '막대한 조세 부담이 우려된다'라고 답했다. 즉 상속세와 증여세 부담이 너무 크다는 것이다. 하지만 그간의 경험을 바탕으로 말하자면 잘 준비만 한다면 충분히 만족할 만한 수준으로 이 부담을 줄일 수 있다.

중소기업 가업승계의 핵심은 주식을 상속, 증여, 양도하기 전에 주식의 가치를 얼마나 낮출 수 있느냐다. 이 과정에서 핵심적인 역할을 하는 것도 역시 임원의 퇴직금이다.

예를 들어 액면가 1만 원, 발행주식 수 1만 주를 모두 대표가 보유한 기업이 있다고 하자. 시간이 지나 주식 가치가 주당 50만 원이 된 상태에서 증여를 하게 되면 얼마의 세금이 발생할까? 기업의 가치가 50억 원에 이르므로 증여세는 약 20억 원이 된다. 하지만 대표의 퇴직금 10억 원을 지급한 후 주식을 증여한다면 주식 가치를 25억 원으로 낮출 수 있고 증여세는 약 8억 2,000만 원으로 낮아지게 된다. 12억 원 정도의 금액을 절세할 수 있게 된다(비상장기업의 주식 가치를 계산하는 방법은 5장에서 자세히 설명하겠다).

이처럼 임원의 퇴직금은 주식 가치를 떨어뜨려 주식을 이동할 때

퇴직금 지급에 따른 증여세 절감 효과

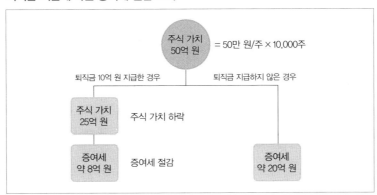

발생하는 세금을 줄여주는 역할을 한다. 물론 비상장주식의 가치와 증여세를 계산하는 것은 변수도 많고 고려할 사항도 많기에 기업과 개인의 상황에 따라 다를 수 있지만 같은 조건에서 대표에게 퇴직금을 지급하는지 여부에 따라 가업승계 시 세금은 하늘과 땅 차이만큼 벌어지게 된다는 사실은 팩트다.

정리해보자. 중소기업에서 임원의 퇴직금은 아래와 같이 몇 가지 강력한 장점이 있는 소득이다.

- 세금이 가장 싼 소득이다.
- 건강보험료가 발생하지 않는다.
- 비용처리로 법인세를 절감할 수 있다.
- 법인을 청산할 때 법인세와 소득세를 줄여준다.
- 가업을 승계할 때 상속세나 증여세를 줄여준다.

이러한 임원 퇴직금의 이점을 모두 누리기 위해서는 3장에서 설명한 대로 법적 절차를 지켜 제대로 된 규정을 만들어야 한다. 또 회사 성장에 맞춰 임원 급여를 현실화하고 가족을 최대한 임원으로 구성하는 것이 좋다. 무엇보다 가장 중요한 것은 퇴직금을 지급할 재원을 미리 준비해서 실제로 지급할 수 있어야 한다는 사실이다. 빚을 내서라도 직원들의 퇴직금은 지급해야 되는 것을 알면서 임원의 퇴직금 준비에 대해서는 소홀하기 쉽다. 하지만 사업을 하면서 최후의 보루라는 생각으로 자신의 퇴직금을 철저히 준비할 것을 권한다.

임원의 퇴직금 ②
퇴직금의 일곱 가지 조건

임원의 퇴직금은 중소기업 오너의 절세를 위한 하이패스가 될 수 있다. 하지만 이는 법인세법상 퇴직급여로 인정받은 후에나 가능한 것이다. 만약 지급한 퇴직금이 과세관청으로부터 퇴직급여로 인정받지 못하면 어떻게 될까?

임원의 퇴직금과 부당행위

임원 퇴직금은 6배수, 10배수를 지급하더라도 정당한 퇴직금으로 인정되기도 하고 2배수, 3배수밖에 안 되더라도 부당행위에 해당될 수 있다. 부당행위는 특수관계인 간의 행위 또는 계산이 건전한 사회통념 및 상관행에 비추어 그 법인의 소득에 대한 조세의 부담을 부당하게 감소시키는지 유무, 즉 경제적 합리성의 유무가 판정 기준이 된다. 이는 과세당국이 거래행위의 제반 사정을 구체적으로 고려해 실질적으로 판단한다는 의미다.

만약 임원에게 지급한 퇴직금이 부당행위로 인정되면 '손금불산입' 처분을 받게 되고 이에 따라 지급한 금액은 퇴직소득이 아닌 상여로 처리가 된다.

퇴직금이 법인의 비용으로 인정받으려면 형식요건뿐만 아니라 실질요건도 만족시켜야 한다. 임원 퇴직금에 대해 컨설팅을 하면서 흔히 하기 쉬운 실수가 바로 형식요건, 그중에서도 법인의 정관과 규정만을 강조하는 것이다. 앞서도 몇 번 말했지만 세법은 '실질'을 더 중요하게 생각한다. 아무리 절차를 지키고 증빙을 갖추었어도 탈세의 의도가 있었다고 판단되면 소명자료 제출이나 세무조사를 받을 수 있다.

조건 1: 현실적으로 퇴직하는 경우에만 지급하라

임원의 퇴직금은 현실적으로 퇴직하는 경우에 한해서 세법상 퇴직급여로 인정받을 수 있다. 그렇다면 '현실적인 퇴직'이란 무엇일까? 이 용어는 '실제 퇴직+퇴직으로 인정되는 경우' 모두를 의미한다. 다양한 케이스가 있겠지만 중소기업의 대표이사에 해당될 내용만을 정리해보면 다음과 같다.

- 법인의 조직변경·합병·분할 또는 사업양도에 의해 퇴직한 경우
- 아래의 사유로 퇴직급여를 중간정산한 경우
  - 1년 이상 무주택자가 본인 명의로 주택을 구입하는 경우(중간 정산일로부터 3개월 내에 주택 취득하는 경우만 해당)
  - 주거를 목적으로 전세금 또는 보증금을 부담하는 경우(1회)
  - 본인, 배우자, 부양가족이 3개월 이상의 질병 치료 또는 요양

이 필요한 경우
- 천재지변, 그 밖에 이에 준하는 재해를 입은 경우
- 파산선고나 개인회생절차개시 결정을 받은 경우(5년 이내)
• 다음의 어느 하나에 해당하는 경우
- 합병으로 소멸하는 피합병법인의 임원이 퇴직급여지급규정에 따라 퇴직급여를 실제로 지급 받고 합병법인의 임원이 된 경우
- 상근임원이 비상근임원으로 된 경우

만약 이러한 현실적인 퇴직사유에 해당하지 않는데 퇴직금을 지급하면 어떻게 될까? 현실적으로 퇴직하지 않은 임원에게 지급한 퇴직급여는 그 임원이 현실적으로 퇴직할 때까지 이를 업무와 관련이 없는 자금의 대여액이 된다. 즉 가지급금으로 처리가 되는 것이다.

하지만 이 조항들을 가만히 살펴보면 주택 구입과 같이 실제로 퇴직하지 않고도 퇴직금을 중간정산해서 받는 방법이 있다는 것을 알 수 있다. 가령 승계 과정 중 자녀에게 주식을 일부 증여하거나 양도할 때 주식 가치가 지나치게 높은 경우가 있다. 이때 대표이사인 아버지가 현실적인 퇴직을 사유로 중간정산을 통해 퇴직금을 받을 수 있다면 주식 가치가 떨어지게 된다. 이를 통해 증여세나 양도세 부담을 낮출 수도 있게 되는 것이다.

조건 2: 실제로 지급하라

고객 중에 임원 퇴직금에 대한 소명자료 제출을 요청받았던 업체

가 있다. 과세관청이 제출하라는 소명자료는 정관과 퇴직금 관련 규정, 법인의 통장과 임원의 통장이었다. 왜 통장을 제출하라고 했을까? 임원의 퇴직금이 세법상 퇴직급여로 인정받기 위한 조건인 '실제로 퇴직금을 지급했는지'를 확인하기 위해서다.

임원 퇴직금이 손비로 인정받기 위해서는 법인이 퇴직급여를 실제로 지급해야 한다. 만약 퇴직금을 정산하기로 합의했지만 이를 실제로 지급하지 않은 경우에는 손금불산입 처분을 받을 수 있다. 실제로 이런 이유로 업체와 과세관청 사이에 소송이 벌어졌는데 대법원은 아래와 같이 판결해 국세청의 손을 들어준 사례가 있다.

임원에게 퇴직금을 실제로 지급해야만 손금산입의 요건을 충족하게 되고, 단지 퇴직금을 정산하기로 합의했으나 이를 실제로 지급하지 아니한 경우에는 「법인세법 시행령」 제44조 소정의 '현실적인 퇴직'에 해당하지 아니해 손금산입의 요건에 해당하지 아니합니다.

－ 대법원 2007두23965, 2008. 1. 24.

퇴직금은 여러 가지 장점이 있는 소득이고 중소기업 오너의 절세를 위한 만능키다. 하지만 현실적으로 지급할 여력이 없어서 퇴직금을 활용하지 못하는 기업이 굉장히 많다. 규정만 잘 만들면 무엇하겠는가. 실제 지급하기 위해서 돈을 모아야 기회를 활용할 수 있지 않을까? 직원들의 퇴직금은 반드시 줘야 하니까 강제라도 마련하는데 본인과 가족을 위한 퇴직금은 전혀 신경 쓰지 못하는 것이 중소기업 오너의 현실이다. 힘든 것은 알지만 지금부터라도 자신의 퇴직금만은 꼭 준비하길 바란다.

조건 3: 정관에 정해진 금액을 지급하라

정관에 임원의 퇴직금 지급기준이 있는 경우 그 지급기준 이내의 금액만 손비로 인정된다. 그럼 정관에 임원 퇴직금에 관한 규정이 없다면 어떻게 될까? 반복해서 말하지만 세법은 상식을 중요시한다. 회사를 위해 몇십 년을 일했는데 규정이 없다는 이유로 퇴직금을 받지 못한다면 그 또한 합리적이지 않다. 그래서 근로자가 받는 정도의 퇴직금은 임원에게도 보장하고 있다.

임원 퇴직금과 관련된 정관이나 지급규정은 상법의 절차를 준수해야 하고 세법상 부당행위에 해당하지도 않아야 한다. 구체적으로 규정을 어떻게 설계해야 하는지는 앞에서 이미 설명했으므로 생략한다.

중요한 것은 중소기업의 오너에게 임원 퇴직금만큼 중요한 소득통로와 절세도구는 없다는 것이다. 따라서 현행 소득세법을 고려해 최대한 퇴직금을 많이 받을 수 있도록 규정을 설계하는 것이 바람직하다.

조건 4: 연금 또는 일시금으로 지급하라

퇴직금은 반드시 연금 또는 일시금으로 지급해야 한다. 만약 퇴직금을 일시금으로 지급하지 않고 미지급하거나 분할지급하게 되면 퇴직소득의 요건을 충족하지 못하게 되므로 근로소득으로 과세되거나 추가적인 세무 문제가 발생할 수 있다.

실제로 자금사정 등을 이유로 임원의 퇴직금을 분할해 지급하는 것도 비용처리가 가능한지에 대한 질의가 있었다. 이에 대해 국세청은 "퇴직금의 지급이란 퇴직금 전액을 지급하는 경우에만 해당하므로 자금사정 등을 이유로 퇴직금을 임원과 합의에 따라 분할해 지급하는 경우에는 현실적인 퇴직에 해당하지 않는다"라고 답했다.

그렇다면 요즘 많이 하는 CEO플랜의 경우는 어떨까? 임원의 퇴직금을 법인이 가입한 보험으로 지급하는 경우에도 일시금으로 지급한 퇴직금으로 인정이 될까? 이에 대한 기획재정부의 답은 다음과 같이 퇴직금으로 인정된다고 유권해석을 했다.

> 법인이 계약자 및 수익자를 법인으로, 임원을 피보험자로 하는 보험(이하 "저축성보험"이라 한다)에 가입하고, 임원 퇴직 시 저축성보험의 계약자 및 수익자를 법인에서 피보험자(퇴직임원)로 변경하는 경우 법인이 부담한 저축성보험(임원퇴직 당시 저축성보험의 평가액)은 퇴직임원의 퇴직소득에 해당합니다. 다만, 저축성보험의 평가액을 포함한 임원의 퇴직소득이 과도해 '부당행위계산의 부인' 규정이 적용되는 경우에는 동 규정이 적용되지 않는 범위 내에서만 퇴직소득에 해당하며, 이를 초과하는 금액은 근로소득에 해당합니다.
>
> – 기획재정부 소득세제과–109, 2011. 3. 29. 외

조건 5: 계속적, 반복적으로 적용되는 규정을 만들어라

임원 퇴직금은 앞에서 살펴본 형식적인 요건들을 충족해야 법인의 손비로 인정받을 수 있다. 하지만 이는 필요조건일 뿐 충분조건

이 아니다. 퇴직금이 적으면 큰 문제가 아닐 수 있지만 금액이 커질수록 과세관청의 눈에 띄게 되므로 절차뿐 아니라 정당한 사유를 갖추는 것이 중요하다.

임원 퇴직금의 실질적 요건 중에서도 가장 중요한 것은 형평성을 지키는 것이다. 퇴직금의 지급배율을 개인별도 정하는 것, 특정 임원에게 지급배율을 높게 정하는 것, 평가에 따라 임원이 퇴직할 때마다 그 지급이 달라지는 것은 모두 과세당국으로부터 부당행위로 지적당할 가능성이 높다.

퇴직금지급규정은 반드시 특정 임원의 퇴직 시마다 퇴직금을 임의로 지급할 수 없는 일반적이고 구체적인 기준이어야만 한다. 그러므로 앞서 설명했듯 대부분의 중소기업에서는 특별한 목적이 없는 한 가족이 아닌 사람을 임원으로 두지 않는 것이 좋다. 퇴직금 제도를 최대한 활용해 절세와 목적자금을 마련해야 하는데 임원이 잘못 구성되었다면 그 전략을 실행하기 어렵기 때문이다.

조건 6: 재직 중 근로나 공헌이 있는 경우에만 지급하라

회사에 대해 제공하는 직무와 그 지급받는 보수 사이에는 합리적 비례관계가 유지되어야 한다. 하지만 임원에게 지급한 퇴직금의 크기와 회사에 대한 공로의 인과관계가 합리적이지 않다면 과세관청은 근로 등의 대가로서 퇴직급여를 지급하려는 것이 아니라 퇴직급여의 형식을 빌려 특정 임원에게 법인의 자금을 분여하기 위한 일시적인 방편에 불과하다고 판단한다. 이 요건을 가장 잘 보여주는 판례가 있다.

따라서 임원퇴직급여규정이 종전보다 퇴직급여를 급격하게 인상해 지급하는 내용으로 제정 또는 개정되고, 제정 또는 개정에 영향을 미칠 수 있는 지위에 있거나 그와 밀접한 관계에 있는 사람이 퇴직임원으로서 급격하게 인상된 퇴직급여를 지급받게 되며, 그에 따라 지급되는 퇴직급여액이 퇴직임원의 근속기간이나 근무내용 또는 다른 비슷한 규모의 법인에서 지급되는 퇴직급여액 등에 비추어 볼 때 도저히 재직기간 중의 근로나 공헌에 대한 대가라고 보기 어려운 과다한 금액이고, 규정 자체나 법인의 재무상황 또는 사업전망 등에 비추어 그 이후에는 더 이상 그러한 퇴직급여가 지급될 수 없을 것으로 인정되는 등 특별한 사정이 있는 경우에는, 퇴직급여규정은 실질적으로 근로의 대가로서 퇴직급여를 지급하기 위한 것이 아니라 퇴직급여의 형식을 빌려 임원에게 법인의 자금을 분여하기 위한 일시적 방편에 불과하므로, 이 경우에는 구 「법인세법 시행령」 제44조 4항에 따라 산정되는 금액을 넘는 부분은 퇴직급여로 손금에 산입될 수 없습니다.

그리고 그와 같은 일시적인 방편에 불과한 임원퇴직금급여규정을 만든 법인이 특정 임원에게 퇴직급여의 형식으로 법인의 자금을 분여하기 위해 임원의 퇴직 직전에 퇴직급여의 산정 기초가 되는 월 급여를 아무런 합리적인 이유 없이 인상한 경우에는 인상되기 전의 월 급여를 기초로 해 산정되는 금액만이 퇴직급여로 손금산입 대상이 됩니다.

– 대법원 2015두50153, 2016. 2. 18.

그러므로 퇴직하기 직전에 퇴직금지급규정에 지급배수를 과도하게 높게 수정하거나 급여를 급격히 인상하는 것은 좋지 않다. 매년 기업의 실적과 연동해 임원의 급여를 꾸준히 높이는 것이 당장은 소득세와 건강보험료 부담을 늘리지만 장기적으로는 퇴직금을 통해 더 큰 절세를 가져다줄 것이다.

조건 7: 상식적인 금액을 지급하라

이 원칙은 가장 모호하고 적용 범위가 넓으며 세법 전체를 관통하는 중요한 기준이다. 앞서 설명했듯이 세법은 절차법이 아니라 실질법이기 때문에 그렇다. 한마디로 말하면 상식적으로 말이 되는 금액을 지급하라는 것이다.

임원 퇴직금과 관련된 판례들을 보면 위에서 설명한 형식적인 요건들을 갖췄음에도 불구하고 임원의 퇴직금이 인정되지 않은 경우도 있고, 반대로 필요조건을 갖추지 못했지만 퇴직금으로 인정한 사례도 있다. 이는 법원이 사회통념이나 상관행에 비추어 정당하다고 판단했기 때문이다. 이에 대한 사례 몇 가지를 소개한다.

임원 퇴직금과 관련된 정관이나 지급규정은 반드시 주주총회의 의결을 거쳐야 법적 효력을 인정받는다. 하지만 주주총회를 개최하지 않았거나 주주총회결의서를 제출하지 못했어도 실질적으로 그 결의가 있었던 것으로 보아 퇴직금을 인정한 판례가 있다. 대법원은 왜 이런 판단을 내렸을까? 해당 법인이 1인 주주와 임원으로 구성된 회사였기 때문이다. 상식적으로 1인 주주가 형식적인 요건을 갖추지 못했다고 해서 그 결의가 없었다고 보기는 어렵다는 것이 판결의 취지다.

또 어떤 법인은 회장에게 중간정산 퇴직금 약 33억 원을 지급해 국세청으로부터 세무조사를 받은 후 손금불산입 처분을 받았다. 하지만 조세심판원으로부터 부당행위에 해당되지 않는다는 판결을 아래와 같이 받은 사례도 있다.

> 임원의 급여는 법인의 재량에 속하는 것이라 경영실적, 재무현황 지위 및 담당업무 등을 종합적으로 고려해 자유롭게 정할 수 있는 것이고, 회장 임○○은 청구법인을 설립한 창업자이자 대표이사이며, 퇴직금을 중간정산할 당시까지 창업한 후에 25년 가까이 근속하며 자본금 5,000만 원의 회사를 매출 860억 원의 기업으로 성장시킨 공로가 있다 할 것이므로 처분청이 쟁점퇴직금을 부당행위계산부인 규정의 적용대상으로 삼은 것은 잘못이 있다 하겠다.
>
> — 조심 2010부2005, 2010. 12. 21.

다음은 퇴직금이 부당행위로 인정된 실제 사례다.

- 임원 1명에게 퇴직 사업연도의 당기순이익보다 2배 이상 많은 퇴직금을 지급한 경우
- 퇴직 직전 대표이사의 평균임금을 증액하기 위해 성과급을 지급해 퇴직금을 과다하게 지급한 경우
- 재입사를 사전에 약정하고 퇴직금 명목의 소득을 지급받은 경우
- 연봉제 전환에 따라 퇴직금을 중간정산했지만 연봉제로 전환된 것으로 볼 수 있는 객관적인 증빙을 제출하지 못한 경우
- 유형자산처분이익에 대한 법인세를 회피할 목적으로 지급한

퇴직금인 경우

• 소수주주의 반대에도 불구하고 대주주의 지위를 이용해 주주 총회에 영향력을 행사함으로써 임원 퇴직금지급규정에 대한 결의가 성립되도록 한 경우

• 퇴직금 지급에 대한 안건을 승인하고 미지급한 경우

• 현금지급 여력이 없는 법인이 퇴직금 중간정산이라는 형식으로 합리적인 이유 없이 부동산을 부당하게 이전한 경우

• 동일 직급의 임직원에게 지급하는 퇴직금을 훨씬 상회해 지급한 경우

• 재직기간 중의 근로나 공헌에 대한 대가라고 보기 어려운 과다한 퇴직금을 지급한 경우

• 퇴직 3개월 전에 규정을 제정하고 차별적으로 높은 퇴직금을 지급한 경우

• 퇴직급여 기준을 높이기 위해 그 이전과 비교할 때 6~9배 상당의 급여를 퇴직 직전 3개월간 과다하게 지급한 경우

• 이해당사자만 참석하는 임시주주총회를 개최해 특정인에게만 차별적으로 많이 지급되도록 정관과 규정을 변경한 경우

• 퇴직금과 별도로 퇴직위로금을 지급한 경우

• 퇴직금을 정산하기로 합의했으나 이를 실제로 지급하지 않은 경우

• 대여금과 퇴직금을 상계한다는 확약서를 받고 상계처리한 경우

• 잉여금으로 퇴직금을 처분한 경우

임원의 퇴직금을 쉽게 생각하고 컨설팅하는 경우가 많은데 결코 만만하게 보거나 기계적으로 조언하면 안 된다. 규정을 만들거나 퇴직 플랜을 실행하기 전에 반드시 전문가나 담당 세무사를 통해 관련 내용을 체크해볼 것을 강력하게 권한다.

임원의 가지급금

치료할까? 수술할까?

공포마케팅의 좋은 먹이감이 되는 가지급금

가지급금은 거래의 내용이 불분명하거나 거래가 완전히 종결되지 않아 계정과목이나 금액이 미확정인 경우에 발생한다. 또는 확정적인 거래는 있었으나 세법상 정규증빙을 수취하지 못한 경우에도 발생한다. 이렇게 회계처리 과정에서 일시적으로 발생하는 가지급금도 있지만 법인이 임직원 등 특수관계인에게 무상 또는 낮은 이자율로 금전을 대부한 경우 발생하는 가지급금, 즉 자산계정의 주·임·종단기채권도 있다. 실무적으로 가지급금 계정은 회계기간 중에만 표시되고 결산이 끝나면 해당 계정으로 모두 이동하고 사라진다. 그래서 임시계정 혹은 가계정이라고 부른다.

가지급금은 소위 말하는 법인 컨설팅의 단골 주제로 중소기업의 오너를 대상으로 한 공포마케팅의 좋은 도구가 된다. 마치 가지급금을 당장 해결하지 않으면 큰일이 날 것처럼 기업주를 겁준다. 그리고 리스크 높은 방법을 제공하고 고액의 보험을 가입시킨다. 기업을 운영하는 중소기업의 오너들이 회계와 세무에 취약하다는 약점을 파고드는 것이다.

모르면 자꾸 당하게 된다. 지금부터 설명하는 가지급금의 불이익과 발생 이유, 세무처리와 해결방법에 대한 기본적인 개념을 잘 이해해서 눈 뜨고 코 베이는 일이 없기를 바란다.

법인에는 자산, 대표에겐 부채

가지급금은 쉽게 말해서 법인 통장에서 돈은 빠져나갔는데 증빙이 없는 경우에 발생한다고 이해하면 된다. 돈은 썼는데 어디에 썼는지 모르거나 말할 수 없는 '임시로 지급한 돈'이라는 의미다.

그렇다면 이렇게 사라진 돈은 누가 책임져야 할까? 세법은 법인의 운영을 책임지고 있는 대표이사가 쓴 돈으로 간주한다. 이것이 세무상의 가지급금이다. 세무상 가지급금이란 그 명칭 여하에 불구하고 해당 법인의 업무와 관련이 없는 자금의 대여액으로 본다.

가지급금은 법인 입장에서는 자산인 채권이지만 대표이사 입장에서는 언젠가 상환해야 할 부채다. 때문에 관심을 갖고 매년 관리하고 정리해야 한다. 쌓이고 쌓여서 해결이 힘든 상황이 되면 회사를 양도하거나 청산할 경우, 승계를 위해 상속·증여하는 경우에 큰 불이익을 가져올 수 있다.

가지급금의 열 가지 불이익

가지급금 해결의 첫 단추는 가지급금에서 발생할 수 있는 리스크를 정확하게 이해하는 것이다. 이를 정리한 표를 보면서 가지급금에

가지급금에서 발생하는 리스크

구분	가지급금의 리스크
가지급금 인정이자	• 가지급금 인정이자 익금산입 → 법인세 증가 • 대표자 상여처분 → 소득세, 건강보험료 증가
지급이자 손금불산입	• 업무무관자산에 대한 지급이자 손금불산입 대상으로 가지급금 비율만큼 지급이자 손금불산입 → 법인세 증가
대손충당금 설정 채권 제외	• 업무무관자산에 대한 대손충당금 설정대상 채권에서 제외 가지급금은 대손상각비로 비용처리 불가 → 법인세 증가
대손금 및 처분손실의 손금 불산입	• 업무무관가지급금은 대손금 손금산입 적용 제외되어 대손금 손금불산입 → 법인세 증가
은행거래 신용도 평가	• 은행 거래 시 신용도 평가에서 불리한 요소 작용 • 거액의 가지급금이 있는 경우 중요한 평가지표로 작용
과세당국의 불신	• 법인자금의 부당한 사용으로 보아 세무조사 리스크 • 사용처 확인을 통해 증여 혐의 발견 시 → 증여세 부담
비상장주식 가치 증가	• 가지급금은 채권으로 자산가치를 높여서 주식 가치 증가 → 상속세 및 증여세 증가
법인 청산 시 상여처분	• 법인 청산 시 대표이사의 상여로 처리 → 소득세 증가
청산절차 장애요인	• 법인 청산 시 법원의 해산등기 승인에 장애요인
상속발생시 채무불인정	• 가지급금 사용처 미소명시 채무로 불인정하고 상속재산으로 추정 → 상속세 증가

서 발생하는 불이익과 리스크를 좀 더 자세하게 살펴보라.

이 중에서 대표들이 잘 이해하지 못하는 '지급이자 손금불산입 리스크' 한 가지만 설명하겠다. 만약 법인이 4.6%의 이자로 은행에서 10억 원을 대출받았다면 이자 4,600만 원을 지급하고 이를 비용으로 처리할 것이다. 지급이자는 사업에 필요한 경비로 인정하기 때문이다. 하지만 가지급금이 있는 경우에는 이 돈을 세무상 비용으로 인정받지 못할 수 있다.

나는 매년 100건이 넘는 세무조정계산서를 보는데 이런 경우가 적지 않다. 더 문제는 대표가 이 사실을 전혀 모르고 있다는 것이다.

"대표님 은행에 내신 이자를 비용인정 받지 못했네요?"

"네? 정말요? 왜요?"

가지급금은 법인의 자금을 대표에게 대여한 것으로 본다. 당연히 원금은 물론이고 이에 해당하는 만큼의 이자를 상환해야 하는데 이를 세법상 '인정이자'라 한다. 인정이자를 얼마로 정하느냐의 문제는 잠시 후에 설명하기로 하고 지금은 계산하기 쉽도록 대출액과 가지급금이 모두 10억 원이고 은행의 대출이자와 가지급금의 인정이자도 4.6%로 같다고 가정해보자.

대표는 법인에 4,600만 원의 이자를 내야 한다. 실제로 대부분은 인정이자를 납부하지 않고 회계적으로 미수금처리를 하는데 아무튼 이 인정이자 4,600만 원은 기타이익으로 처리되어 법인세를 추가로 부담해야 한다.

문제는 이 가지급금 때문에 법인이 은행에 지급한 4,600만 원도 비용으로 인정받지 못한다는 것은 잘 이해가 되지 않는다. 세법상

가지급금으로 인한 지급이자 손금불산입 리스크

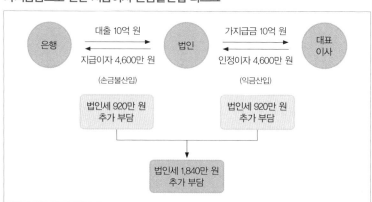

비용인정이 안 된다는 것은 업무와 관련이 없기 때문인데 사업을 위해서 받은 은행의 대출이자가 업무와 무관하다니?

비상식적이라고 생각할지 모르겠지만 과세관청의 입장은 대표가 사적으로 사용하려고 법인을 통해 은행 대출을 받은 것으로 본다.

"대표인 당신이 회사 돈 10억 원을 빌려 가지 않았으면 은행에서 10억 원을 대출받지 않아도 되는 것 아냐?"

어떤가. 할 말이 없지 않은가?

가지급금이 발생하는 원인을 파악하라

회사를 운영하다 보면 가지급금이 전혀 없을 수는 없다. 하지만 규모에 비해 과도하게 가지급금이 많은 기업이 있다. 그런데 가지급금이 발생한 이유를 대표에게 물어보면, 잘 파악하지 못하고 있는 경우가 대부분이다.

"나는 개인적으로 회삿돈 한 푼도 안 가져갔는데 해마다 가지급금이 늘어납니다."

이런 답도 의외로 많이 듣는다. 사업하느라 바쁘다 보니 미처 신경 쓰지 못했을 수도 있다. 하지만 세법은 몰랐다는 이유로 봐주질 않으므로 가지급금 때문에 부담해야 하는 불이익은 오로지 대표의 몫이다.

우선 가지급금이 왜 발생하는지 파악해야 한다. 원인도 모른 채 당장의 문제만 해결해봐야 시간이 지나면 다시 가지급금이 발생할 가능성이 높기 때문이다. 가지급금의 발생 원인을 정확하게 파악하려면 법인통장과 가지급금 계정원장을 비교해보면 된다. 적어도 연

가지급금이 발생하는 원인

주주 및 임원에게 자금 대여 + 거래처와의 불공정한 거래 + 증빙구비가 어려운 특수성 + 개인자금과 법인자금의 혼용

말에는 이런 작업을 해서 미리 대책을 세우는 것이 필요하다.

가지급금은 주로 주주 및 임원 등에게 자금 대여, 거래처와의 불공정한 거래, 증빙구비가 어려운 거래의 특수성, 개인자금과 법인자금의 혼용 등으로 발생한다. 가지급금의 발생 원인을 분석한 후 대표이사가 실제로 빌려갔거나 의식하지 못하고 법인 돈을 사용한 경우라면 개인자금과 법인자금을 철저하게 구분하려는 노력을 해야 한다. 지출이 있었지만 증빙을 받지 못한 경우라면 증빙을 반드시 주고 받는 거래를 하는 습관을 들여야 한다. 또 어쩔 수 없이 영업비나 직원의 상여금을 현금으로 지급해야 하는 등의 경우도 있는데 당장은 끊을 수 없더라도 차츰 이런 관행을 줄여나가야 할 것이다.

가지급금에 대한 이해와 관리는 법인의 오너로서 기본기를 가늠하는 척도가 되므로 지금부터라도 꼭 직접 챙길 것을 권한다.

가지급금의 인정이자를 낮게 적용하라

가지급금의 세법상 인정이자는 얼마로 정할까? 가지급금 인정이자를 계산하는 경우 적용하는 이자율은 가중평균차입이자율을 시가로 적용하는 것이 원칙이다. '가중평균차입이자율'이란 자금을 대여한 법인의 대여시점 현재 각각의 차입금 잔액에 차입 당시의 각각의

가중평균차입이자율의 계산

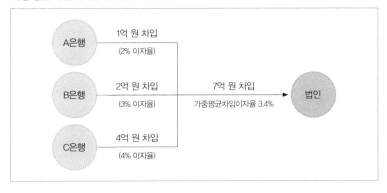

이자율을 곱한 금액의 합계액을 해당 차입금 잔액의 총액으로 나눈 비율을 말한다. 법인이 대표에게 대여한 금액에 대해서 법인이 은행에서 빌려온 이자만큼 받아야 한다는 것이 상식이기 때문이다.

다만 다음의 경우에는 당좌대출이자율을 적용한다. '당좌대출이자율'이란 세법상의 적정이자율의 개념으로 현재 연간 4.6%를 말한다.

- 가중평균차입이자율의 적용이 불가능한 경우로서 특수관계인이 아닌 자로부터 차입한 금액이 없는 경우 등 기획재정부령으로 정하는 사유가 있는 경우: 해당 대여금 또는 차입금에 한정해 당좌대출이자율을 시가로 한다.
- 대여기간이 5년을 초과하는 대여금이 있는 경우: 해당 대여금 또는 차입금에 한정해 당좌대출이자율을 시가로 한다.
- 해당 법인이 법인세과세표준 신고와 함께 당좌대출이자율을 시가로 선택하는 경우: 당좌대출이자율을 시가로 해 선택한 사업연도와 이후 2개 사업연도는 당좌대출이자율을 시가로 한다.

실무적으로는 대부분 가중평균차입이자율이 아닌 당좌대출이자율을 가지급금 인정이자의 계산에 적용하고 있다. 대표이사의 가지급금 인정이자를 계산할 때 어느 이자율을 적용하느냐 하는 것은 선택사항이지만 이에 따라 부담액이 차이가 나기 때문에 담당 세무사와 의논해볼 필요가 있다. 회사의 가지급금 인정이자율 계산은 어떤 방법을 적용하고 있는지 궁금하다면 세무조정계산서에서 확인해볼수 있다.

다음은 2000년 이후의 당좌대출이자율 변동을 정리한 것이다.

연도별 당좌대출이자율(가지급 인정이자율) 변동 현황

기간	인정이자율
1999. 7. 1. ~ 2001. 12. 31.	11.0%
2002. 1. 1. ~ 2008. 12. 31.	9.0%
2009. 1. 1. ~ 2011. 12. 31.	8.5%
2012. 1. 1. ~ 2016. 3. 6.	6.9%
2016. 3. 7. ~ 현재	4.6%

가지급금은 법인이 대표에게 자금을 대여한 것으로 보기 때문에 이자를 상환해야 하고 그때 적용하는 이자가 인정이자율이라고 설명했다. 하지만 현실적으로 가지급금에 대해 대표이사가 법인에 이자를 납부하는 경우는 거의 없다. 그럼 가지급금의 인정이자는 실무적으로 어떻게 처리할까?

먼저는 가지급금 원금과 납부해야 할 인정이자를 대표이사의 상여금으로 처리하는 것이다. 이 경우 당해연도 종합소득을 계산해 소득세를 납부해야 한다. 하지만 현실적으로 이렇게 처리하려는 실무자나 대표는 보지 못했다. 고액의 소득세는 물론이고 건강보험료와 국민연금의 부담도 더 늘어나기 때문이다.

다른 방법은 세무적 리스크를 피하기 위해 대표이사가 상환해야 할 인정이자를 미수금으로 정리하는 것이다. 받아야 하는 돈인데 아직 못 받은 채권으로 표시하는 것이다. 대부분의 중소기업이 이런 방식으로 대표이사의 가지급금을 정리한다.

문제는 이렇게 가지급금의 인정이자를 미수금으로 처리하면 가지급금이 계속 불어난다는 것이다. 작년의 가지급금 인정이자와 원금이 합해져서 올해 가지급금 원금이 되기 때문이다. 몇 년이 지나면 가지급금이 눈덩이처럼 불어난다. 만약 가지급금 1억 원을 해마다 인정이자 4.6%를 적용해 이런 식으로 계속 처리하면 15년 후에 2배가 되는 복리의 마법을 경험하게 된다.

가지급금 해결, 치료하거나 수술하거나

앞서 살펴보았듯이 가지급금은 많은 문제를 안고 있다. 처음에는 인지하지 못하고 무시하다가 수년간 쌓여서 금액이 커지고 나서야

복리 4.6%로 불어나는 가지급금

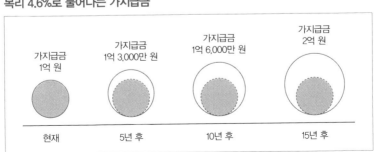

가지급금의 해결

한 번에 해결하려고 무리한 방법을 사용하곤 한다. 하지만 오랜 시간에 걸쳐 생긴 문제를 조급한 마음에 한 번에 해결하려고 하면 부작용이 따르기 마련이다. 가지급금의 발생 원인부터 면밀히 살펴보고 법적인 테두리 안에서 세부담을 최소화할 방법을 신중히 고민해서 계획을 수립해야 한다.

가지급금을 해결하는 것은 아픈 사람을 치료하는 것과 비슷하다고 생각하면 된다. 질병에 걸린 초창기나 심각하지 않을 때는 약을 먹고 쉬면서 체력을 회복하는 것이 좋다. 하지만 암과 같은 중병에 걸리면 부작용이 있더라도 수술이라는 방법을 선택하게 된다.

이처럼 가지급금을 해결하는 방법도 크게 치료와 수술로 나누어 생각해볼 수 있다. 가지급금이 많지 않거나 당장 해결해야 할 긴박한 상황이 아니라면 급여나 배당으로 정리를 해나가는 것이 좋다.

하지만 가지급금으로 인해 당장 대출이나 거래관계에 심각한 문제가 발생한 경우라면 수술적인 방법을 동원해야 한다. 그리고 이를 대비해서 가족을 주주와 임원으로 적절히 구성해둘 필요가 있다.

생활습관병이라는 것이 있다. 음주, 흡연, 운동부족, 잘못된 식습

가지급금 해결 방법의 효과 및 장단점

구분	해결책	효과 및 장단점
치료 방법	개인 재산으로 상환	• 현금으로 상환 시 추가적인 세부담은 없음 • 개인부동산 매도로 상환 시 양도소득세 부담 • 개인 재산의 유실이 발생
	급여(상여)로 상환	• 상당한 금액을 근로소득으로 처리해야 함 • 소득세와 4대보험료 증가
	배당으로 상환	• 상당한 금액을 배당으로 처리해야 함 • 법인의 부채비율 증가로 대출에 문제 발생 • 소득세와 4대보험료 증가
	전기오류수정손실 처리	• 가지급금 발생내역을 확인해 전기오류수정손실 처리 • 정규증빙 미비로 증빙불비가산세(2%) 부담 • 손금 귀속시기에 따른 법인세 경정청구 부담
수술 방법	퇴직금(중간정산)으로 상환	• 은퇴자금의 유실 발생 • 상환시 추가적인 세부담은 적은 편 • 가업승계시 주식 가치조절이 불가능해 상속·증여세 부담 증가
	주식매각대금으로 상환	• 주식을 타인에게 매각한 자금으로 상환 • 양도차익이 큰 경우 양도소득세 부담 • 현실적으로 거래상대를 찾기 힘들고 경영권에 문제가 발생할 수 있음
	자기주식취득으로 상환	• 자기주식 취득 요건을 엄격하게 지켜야 함 • 자기주식은 의결권이 없으므로 지분율 변화로 인한 경영권 방어에 문제가 발생할 수 있음
	유상감자 대금으로 상환	• 유상감자를 실행해 감자대가로 상환 • 감자차익이 많이 발생하지 않으면 시행하기 어려움 • 의제배당 금액이 큰 경우 소득세 부담 증가 • 가족간 증여를 활용하면 세부담을 낮출 수 있음

관 등 일상생활의 잘못된 습관과 행위가 오랫동안 반복되어 생기는 병을 말한다. 잘못된 생활습관으로 인해 생긴 병들은 시간이 지나면 성인병으로 발전하고 결국 암과 같은 치명적인 질병의 원인이 된다.

개인의 병처럼 가지급금은 잘못된 관리 때문에 발생하는 법인의 생활습관병이다. 개인의 돈과 법인의 자금을 명확히 구분하지 않거나 비용처리에 대한 증빙을 챙기지 않는 습관이 반복되고 쌓이면 사업을 더 진행하기도 힘들 정도로 가지급금이 쌓이는 것이다.

언제나 예방이 최선이듯 가지급금도 원인을 제거하고 건전한 경영관리를 통해 쌓이지 않도록 관리하는 습관을 들이는 것이 좋다.

임원의 가수금

마이너스를 마이너스 하라

가수금은 가지급금의 반대 개념이다. 회사에 증빙 없는 현금이 입금된 경우에 처리하는 임시계정이다. 재무상태표에는 주임종단기채무로 표시된다. 대게는 회사에 운영자금이 부족해 대표이사의 개인자금을 입금한 경우 발생한다. 대표이사라 하더라도 법인의 입장에서는 빌린 돈이 되므로 회계기간 안에 처리하지 않으면 계속 부채로 남는다.

가수금의 불이익

가수금은 세무적으로 리스크가 될 수 있다. 가수금이 큰 경우 매출누락, 가공경비, 횡령 등으로 의심받아 세무조사를 받을 가능성이 있기 때문이다. 이러한 유형의 탈세는 과세관청이 가장 싫어하는 것이므로 만약 가수금에 대한 매출 누락이 포착되어 세무조사를 받게 되면 매우 큰 불이익이 주어진다. 만약 1억 원을 매출 누락해서 조사를 받게 된다면 다음과 같은 금액을 추징받게 된다.

1억 원의 매출 누락으로 인한 예상 세금 부담

구분		계산	금액(원)
부가가치세 관련	본세	1억 원 × 10%	10,000,000
	세금계산서 불성실가산세	공급가액 × 2%	2,000,000
	신고불성실가산세	본세 × 40%	4,000,000
	납부불성실가산세	본세 × 25 / 100,000 × 365일 × 3년	2,737,500
법인세 관련	본세	1억 원 × 20%	20,000,000
	지방세	법인세 × 10%	2,000,000
	신고불성실가산세	본세 × 40%	8,000,000
	납부불성실가산세	본세 × 25 / 100,000 × 365일 × 3년	5,475,000
3년 전 1억 원의 매출 누락으로 받게 될 세금추징 예상액			54,212,500

가수금의 또 다른 불이익은 금융거래에서 발생한다. 가수금은 재무상태표의 부채계정에 표시되므로 부채비율을 높인다. 그래서 과도한 가수금은 신용등급을 낮추어 신규대출을 받거나 기존 대출을 연장할 때 문제가 생길 수 있다. 채권자 입장에서는 '대표이사 가수금을 상환하려고 대출받는 것 아냐?'라고 생각할 수 있기 때문이다.

또 가수금은 대표이사 유고 시 상속재산을 증가시켜 상속세 부담을 늘릴 수 있다. 대표이사 입장에서는 채권이므로 상속재산에 포함되는 것이다. 그리고 법인으로부터 이자를 받지 않았다면 금전 무상 사용 이자에 대한 증여세 과세 문제도 발생할 수 있다.

매출을 누락하거나 가공경비를 만들지 말라

사람의 몸에 혹이 생기면 검사를 통해 양성종양인지 악성종양인지 구별한다. 양성이라면 큰 문제가 없지만 암과 같은 악성종양이라

가수금의 발생 원인

면 치료를 하건 수술을 해야 한다. 가지급금과 가수금은 법인에 발생한 종양이라고 생각해야 한다. 가급적 없는 것이 좋지만 발생했다면 양성인지, 악성인지를 잘 파악해볼 필요가 있다.

　법인과 대표이사가 직접적인 금전거래를 하는 것은 원칙적으로 삼가는 것이 좋지만 현실적으로 그러기는 쉽지 않다. 대표가 직접 법인에 자금을 대여했고 기업의 규모에 비해 큰 금액이 아니라면 크게 문제 될 것이 없다. 이런 가수금은 양성종양이라 할 수 있다.

　문제는 매출 누락이나 가공경비계상을 통해 발생한 가수금이다. 이 경우는 세무적으로 위험한 악성종양이다. 심한 경우 세무조사의 대상이 되어 소득세, 법인세, 부가세뿐 아니라 가산세까지 큰 손해를 볼 수도 있다. 가급적 빨리 원인을 파악해 치료해야 한다. 그리고 상습적이고 반복적으로 발생되지 않도록 시스템을 만들어 나가야 한다.

가수금의 처리

　가수금은 두 가지 경로로 발생하기 때문에 처리방법도 각각 달라야 한다. 우선 법인에 자금이 부족해 대표가 자금을 직접 입금한 경우라면 원금을 돌려받는 것은 물론 사용한 기간만큼 이자도 받아야 한다. 이 경우라면 법인을 상대로 차용증을 작성한 후 차후에 세무서에서 해명자료제출 안내문을 받았을 때 소명자료로 제출하면 된다.

문제는 현실적으로 법인에서 실제로 이자를 받을 수 있느냐 하는 것이다. 대표이사가 법인으로부터 가수금에 대한 이자를 받으려면 먼저 실제로 법인에 대여했다는 것에 대해 금전대차계약서와 통장사본 등을 통해 이를 증빙해야 한다. 또 시중은행의 이자보다 가수금에 대한 인정이자가 더 높다면 부당행위가 될 수 있으므로 이에 대한 소명이 가능해야 한다. 사실상 가수금에 대한 인정이자를 받기 어렵다.

다음은 매출 누락이나 가공경비 때문에 가수금이 발생한 경우다. 신고되지 않은 매출을 올리고 대표이사가 개인적으로 돈을 받아 법인 통장에 넣는 경우, 법인 통장으로 돈이 들어왔는데 계산서를 끊지 않은 경우, 매입하지 않은 재료에 계산서만 발행한 경우 등에 가수금이 발생한다. 이 경우 세무적으로 굉장히 리스크가 커진다. 만일 이런 경로로 가수금이 발생되었다고 판단된다면 차라리 수정신고를 통해서 세금을 추가로 납부하는 것이 좋다.

부채인 가수금을 자본금으로 바꿔라

가수금은 가지급금 만큼이나 도움이 되지 않는다. 기업의 신용평가나 세무조사에 악영향을 줄 수 있기 때문이다. 양성이건 악성이건 종양은 몸에 좋은 신호가 아니다. 만약 대표가 실제로 법인에 대여한 경우라면 다시 돌려받는 것이 가장 좋은 방법이다. 하지만 중소기업의 빠듯한 재무상황을 고려할 때 대표의 가수금을 돌려받기는

가수금 출자전환의 효과

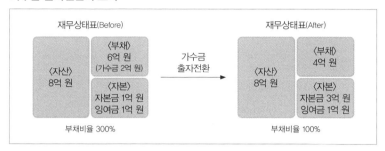

현실적으로 쉽지 않다. 그래서 요즘은 대표이사의 가수금을 자본금으로 전환하는 출자전환의 방법을 많이 활용한다. 이를 통해서 기업의 부채비율을 낮추고 신용점수가 높아지면 자본조달 비용을 낮출 수 있기 때문이다.

2015년 4월 25일 이후부터 상계금지제도가 폐지되어 대표이사의 가수금을 바로 상계처리해 자본금으로 전환할 수 있게 되었다. 다만 이 경우에 대표이사가 법인에 실제로 대여한 자금인지 여부를 통장과 차입금 약정서 등으로 증빙할 수 있어야 한다. 또 주주가 여러 명일 경우 액면가로 증자할 수 없으므로 채권을 증여하거나 주주구성을 조정해야 할 필요가 있다.

한편 가수금을 출자전환할 때는 이로 인해 과점주주의 간주취득세 의무가 발생하는지 여부와 실제로 소명가능한 가수금인지를 면밀하게 검토해야 한다. 매출 누락이나 가공경비로 인해 발생한 가수금은 절대로 출자전환해서는 안 된다.

5장

주주와
리스크

주주 리스크

5장에서는 주주의 지분 때문에 발생하는 리스크를 설명하려고 한다. 먼저 다음의 리스크를 체크해본 후 읽으면 보다 생생하고 실질적으로 도움이 될 것이다.

문항	주제	내용	체크란
1	지분의 구성	차명주주가 있다.	
2		주주가 1인이다.	
3		가족이 아닌 주주가 있다.	
4	지분의 배당	배당을 한 번도 해보지 않았다.	
5		주주구성이 배당을 하기에 부적절하다.	
6		배당을 하기 위한 현금이 부족하다.	
7	지분의 증감	차명주주가 있는데 증자를 하려고 한다.	
8		불균등증자를 하는데 액면가로 하려고 한다.	
9	지분의 평가	회사의 주식 가치를 매년 평가하지 않는다.	
10		업력이나 규모에 비해 주식가격이 고평가되어 있다.	
11		최근 3년 동안 당기순이익이 급증했다.	
12		회사가 공장이나 건물을 구입하려고 한다.	
13		업력이나 규모에 비해 이익잉여금이 과도하다.	
14	지분의 이동	가족에게 주식을 저가로 양도하거나 증여하려고 한다.	
15		명의신탁된 주식을 액면가로 가져오려고 한다.	
16		최근 10년 이내에 배우자에게 증여를 한 적이 있다.	

해설

1. 회사의 주식을 타인의 명의로 하는 것은 가급적 피해야 한다. 피치 못할 사정으로 명의신탁한 주식이 있다면 최대한 빨리 찾아와야 한다. 그리고 만약의 경우를 대비해 자신의 소유임을 주장할 수 있는 근거를 준비해야 한다.

2. 단독 주주는 회사를 운영할 때 편한 면이 있지만 절세의 측면에서는 리스크가 높다. 최대한 가족을 주주로 구성해두어야 소득세와 상속세, 증여세 부담을 줄일 수 있다.

3. 중소기업의 경우 주주 중에 가족이 아닌 사람이 있는 것은 여러 가지로 리스크가 높다. 상장을 꿈꾸거나 동업을 하는 경우가 아니라면 가급적 가족기업으로 운영하는 것이 바람직하다.

4. 중소기업이라도 배당을 꾸준히 실시하는 것이 좋다. 당장은 소득세를 아낄 수 있고 길게는 주식 가치 조절을 통해 상속세와 증여세 부담을 크게 낮출 수 있기 때문이다.

5. 배당을 하기 전에는 반드시 주주를 전략적으로 구성할 필요가 있다. 차명주주가 있는데 배당을 하면 세무적인 리스크가 커지고 단독주주인 경우에 배당을 하면 배당의 효율이 떨어진다. 가장 이상적인 것은 가족들이 지분을 골고루 보유한 상태로 배당을 하는 것이다.

6. 배당을 꾸준히 하기 위해서는 배당가능한 이익이 있어야 한다. 장부상 이익이 있어도 현금이 없다면 배당을 할 수가 없으므로 현금흐름 중심의 경영이 필요하다.

7. 명의신탁 주식이 있는 상황에서 증자를 하는 경우 리스크가 커진다. 향후 차명주식을 회수하는 과정에서 세무적으로 복잡한 문제가 발생할 수 있으므로 이런 경우는 증자를 하지 않는 것이 좋다.

8. 증자 후에도 모든 주주의 지분에 변동이 발생하지 않는 균등증자인 경우에는 액면가로 증자하는 것이 가능하다. 하지만 불균등증자인 경우에는 세법상 주식 가치를 평가해 증자하지 않으면 증여의 문제가 발생할 수 있다.

9. 오너는 회사의 주식 가치를 평가하고 발생가능한 세부담을 매년 예측해봐야 한

다. 중소기업은 출구 단계에서 주식 가치에 따라 매우 큰 세금 부담이 발생할 수 있기 때문이다.

10. 설립한 지 몇 년 되지도 않았는데 액면가의 몇 십배로 주식 가치가 고평가되는 경우가 있다. 이것을 남의 일이나 나중에 해결해도 될 일이라고 생각해 관리하지 않으면 생각지도 못한 세금을 부담해야 한다.

11. 비상장주식의 가치에 가장 큰 영향을 미치는 변수는 최종연도 당기순이익이다. 올해 당기순이익이 큰 폭으로 늘어날 것으로 예상되면 주식을 미리 이동하는 것이 좋고 만약 손실이 날 것으로 예상한다면 내년이 주식을 이동해 손실을 이익으로 바꿀 수 있는 적기라 생각하면 된다.

12. 가격이 많이 상승한 토지와 건물은 주식 가치를 평가절상시키는 중요 변수다. 따라서 법인의 명의로 자가공장이나 건물을 구입하기 전에 주식을 미리 이동하는 것이 절세에 도움이 된다.

13. 재무상태표의 이익잉여금은 출구 단계에서 약 1/3 정도의 금액이 세금으로 바뀐다. 청산할 때는 주주들의 배당소득세로 가업을 승계할 때는 주식 가치를 높여 상속세나 증여세로 바뀐다. 이 리스크를 관리하기 위해서는 평소 꾸준한 배당을 하고 임원의 퇴직금을 최대한으로 높일 필요가 있다.

14. 가족은 특수관계인이다. 비상장주식이라 하더라도 지나치게 낮거나 높은 가격으로 양도나 증여를 하게 되면 증여의 문제가 발생한다. 세법에 정한 방법으로 평가한 시가로 주식을 이동해야 부당행위가 되지 않는다.

15. 명의신탁된 주식을 회수할 때는 특수관계 여부에 따라 부당행위로 인정되는 가격의 기준이 달라진다. 반드시 세법에서 정한 방법으로 주식의 가치를 평가해 부당행위계산의 본인 규정에 해당하지 않는 가격의 범위 내에서 거래해야 한다.

16. 자본거래를 하거나 지분을 이동하기 전에는 배우자 증여공제 한도 6억 원을 최대한 활용하면 세금을 많이 절감할 수 있다. 증여는 최근 10년간 증여액을 합산해 계산한다.

주주 리스크, 핵심은 지분이다

주주와 특수관계인

주주와 관련된 리스크를 이해하기 위해 먼저 알아야 하는 중요한 개념이 있다. '특수관계인'이다. 용어만으로도 어느 정도 짐작은 하겠지만 나와 '특별한 관계로 묶여 있는 사람'이라는 의미다. 특수관계인 여부가 중요한 이유는 지금부터 설명할 증자, 감자, 배당, 증여, 양도 등 주주의 지분과 관련된 리스크를 좌우하는 가장 중요한 변수이기 때문이다.

예를 들어보자. 5년 전에 5억 원에 구입한 아파트가 현재 10억 원이 되었다고 하자. 아버지가 아들에게 이 부동산을 주는 방법은 두 가지다. 무상으로 주면 증여, 유상으로 이전하면 양도가 될 것이다. 두 경우는 소득세법에 따라 납부해야 할 세금이 다르다.

먼저 증여를 보자. 시가 10억 원짜리 아파트를 자녀에게 증여하는 경우 공제가 없다고 가정하면 약 2억 4,000만 원의 증여세가 발생한다. 그런데 만일 증여세를 줄이기 위해서 이 아파트를 5억 원에 증여했다고 신고하면 과세관청은 이를 어떻게 판단할까? 당연히 시가 10억 원에서 증여 신고한 5억 원을 뺀 나머지 5억 원은 부당행위로 보고 추가로 증여세를 부과할 것이다.

같은 아파트를 자녀에게 5억 원에 양도하면 어떻게 될까? 우선 양도양수가 성립하기 위해서는 자녀가 해당 아파트 구입에 필요한 자금출처를 소명할 수 있어야 한다. 만약 아들의 소득으로 10억 원의 아파트를 5억 원에 사고팔았다면 아버지는 양도소득세를 내지 않아서 좋고 아들은 증여세를 내지 않아서 일거양득이다. 하지만 과연 과세관청은 이 거래를 적법하다고 인정할까? 아무리 계약서를 쓰고 계약금과 중도금, 잔금을 통장으로 주고받았다고 해도 시가 10억 원에서 양도가 5억 원을 뺀 나머지 5억 원은 부당행위로 인정되어 증여세를 부과할 것이다.

그런데 만약 급한 자금이 필요해 전혀 모르는 남에게 10억 원짜리 아파트를 5억 원에 팔았다면 어떤 문제가 생길까? 대부분은 문제가 되지 않는다. 왜냐하면 거래당사자들이 '특수관계인'이 아니기 때문이다.

이처럼 재산의 이동 과정에서 부당행위인지 아닌지를 판단하는 가장 중요한 기준이 바로 특수관계인 여부다. 따라서 주주의 지분 리스크를 이해하고 절세를 하기 위해서는 특수관계인의 범위를 알아야 한다.

세법과 특수관계인

그럼 어디까지가 나와 특수한 관계일까? 특수관계인의 범위는 개별 세법마다 조금씩 다르지만 큰 틀에서는 국세기본법의 규정을 원칙으로 따른다. '특수관계인'이란 본인과 친족 관계, 경제적 연관 관계, 경영지배 관계 중 어느 하나에 해당하는 관계에 있는 자를 말한다. 이 경우 이 법 및 세법을 적용할 때 본인도 그 특수관계인의 특수관계인으로 본다. 구체적인 내용을 정리하면 아래 표와 같다.

주식과 관련해서 특수관계인의 범위가 왜 중요한지 이유를 알아보

국세기본법상의 특수관계인

국세기본법	국세기본법 시행령
친족관계	①6촌 이내의 혈족 ②4촌 이내의 인척 ③배우자(사실상의 혼인관계에 있는 자를 포함) ④친생자로서 다른 사람에게 친양자로 입양된 자 및 그 배우자·직계비속
경제적 연관관계	①임원과 그 밖의 사용인 등 모든 고용관계에 있는 자 ②본인의 금전이나 그 밖의 재산으로 생계를 유지하는 자 ③'①'과 '②'의 자와 생계를 함께 하는 친족
경영지배 관계	〈본인이 개인인 경우〉 ①본인이 직접 또는 그와 친족관계 또는 경제적 연관관계에 있는 자를 통해 법인의 경영에 대해 지배적인 영향력을 행사하고 있는 경우 그 법인 ②본인이 직접 또는 그와 친족관계, 경제적 연관관계 또는 위의 관계에 있는 자를 통해 법인의 경영에 대해 지배적인 영향력을 행사하는 경우 그 법인 〈본인이 법인인 경우〉 ①개인 또는 법인이 직접 또는 그와 친족관계 또는 경제적 연관관계에 있는 자를 통해 본인인 법인의 경영에 대해 지배적인 영향력을 행사(30% 지분 보유)하고 있는 경우 그 개인 또는 법인 ②본인이 직접 또는 그와 경제적 연관관계 또는 '①'의 관계에 있는 자를 통해 어느 법인의 경영에 대해 지배적인 영향력(30% 지분 보유)을 행사하고 있는 경우 그 법인 ③본인이 직접 또는 그와 경제적 연관관계, '①' 또는 '②'의 관계에 있는 자를 통해 어느 법인의 경영에 대해 지배적인 영향력을 행사(30% 지분 보유)하고 있는 그 법인 ④본인이 '독점규제 및 공정거래에 관한 법률」에 따른 기업집단에 속하는 경우 그 기업집단에 속하는 다른 계열회사 및 그 임원

자. 만약 당신의 회사에서 임원으로 근무하던 A가 퇴직을 했고 3년이 지난 시점에서 A가 보유했던 회사의 주식을 대표인 당신이 액면가로 매입했다면 과세관청은 이를 정상적인 거래로 인정할까? 일단은 아닐 확률이 높다. 왜냐하면 대표이사와 퇴사한 지 3년이 지난 임원 A는 법인세법상 특수관계인이기 때문에 주식을 액면가로 거래할 수 없다.

특수관계인의 범위는 가족과 직계존비속, 친인척은 물론이고 고용 관계에 있는 사람, 심지어 내가 생계를 책임지고 있는 사람까지 일반인이 생각하는 범위보다 넓다. 더욱이 개인뿐만 아니라 법인도 이 범위에 포함되기 때문에 주주의 지분과 관련된 결정을 하기 전에는 반드시 특수관계 여부를 정확히 확인해야 한다.

특수관계인의 범위를 판단하기가 쉽지 않은 이유는 이 규정과 관

세법과 특수관계인

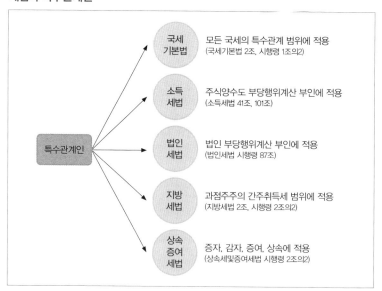

련된 법이 여러 개이고 그 범위도 조금씩 다르기 때문이다. 국세기본법, 소득세법, 법인세법, 지방세법, 상속세및증여세법에는 모두 특수관계인에 대한 규정을 명시하고 있다.

어떤 행위나 소득계산이 부당행위인지 아닌지를 판단하기 위한 것이 특수관계인의 개념인데 그 행위나 소득계산이 어느 법의 적용을 받느냐에 따라 달리 적용한다. 예를 들면 주식을 매매하는 경우에는 소득세법의 특수관계인 규정을 적용하고, 주식을 증여하거나 상속하는 경우에는 상속세 및 증여세법상의 특수관계인 규정을 적용한다.

주주의 지분과 리스크

주주의 리스크를 한마디로 정의하면 '지분 리스크'다. 주식회사의 경우 얼마나 지분을 보유하고 있는지에 따라 주주의 법적인 지위가 달라지기 때문이다. 따라서 지분을 구성할 때, 증자와 감자를 할 때, 배당할 때, 지분을 양도하거나 증여·상속할 때에 어떤 리스크가 발생하는지 잘 이해하는 것은 S.M.A.R.T. 관점에서 매우 중요하다.

지분을 구성할 때 발생하는 리스크

법인의 리스크 중 가장 큰 비용과 세금이 발생하는 것은 출구 리스크다. 현실적으로 중소기업의 출구 전략은 승계하거나 청산하는 것 외에 다른 대안이 없는데, 이때 주주구성에 따라 발생하는 리스크의 크기가 달라진다.

그럼 주주는 언제 처음으로 구성할까? 설립단계다. 즉 법인의 가장 큰 리스크가 발생하는 출구 단계의 주주구성 문제는 설립단계에서부터 시작되는 것이라 할 수 있다. 당신이 오너라면 반드시 주주의 지분구성에 특별히 신경을 써야 하며 과점주주, 차명주주, 단독주주에 대해 이해해야 한다.

증자와 감자를 할 때 주의해야 할 리스크

설립 시에 출자된 자본금은 증자와 감자를 통해서 늘기도 하고 줄기도 한다. 대출 조건을 맞추거나 사업상 필요한 면허를 취득하기 위해 혹은 외부의 투자를 받기 위해서는 증자가 필요하다. 한편 결손이 누적되어 이를 해결하거나 감자차익이 필요한 경우에 감자를 실행하기도 한다.

증자와 감자는 유상으로 할 수도 있고 무상으로 할 수도 있는데 각자의 경우마다 서로 다른 세금의 문제가 발생한다. 또 증자와 감자를 할 때 주주구성에 따라 리스크가 달라질 수 있다. 예컨데 차명주주가 있는 상황에서 증자하게 되면 향후 이 주식을 반환받을 때 심각한 세무적 리스크를 동반할 수 있다. 또 최근에는 대표이사의 가수금을 자본금으로 전환하는 출자전환으로 증자하는 것에 대한 관심도 많아졌다.

배당할 때 신경 쓸 리스크

회사가 이윤을 남기면 주주에게 배당 등의 방법으로 나누어줄 수 있다. 이때 주주는 본인이 가진 지분의 비율대로 배당을 받을 수 있는 권리를 가지게 된다. 중소기업의 오너는 배당을 통해 소득의 통

주주의 지분과 리스크

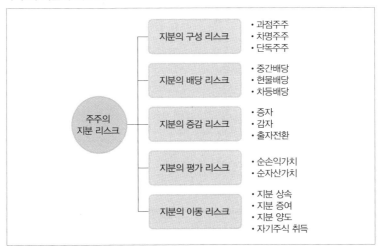

로를 다양하게 만들고 승계를 위한 준비를 효과적으로 할 수도 있다. 단 배당하기 전에는 주주구성을 재점검해 보아야 한다. 차명주주가 있는 경우나 단독주주인 경우라면 배당이 어렵거나 배당의 효과를 극대화할 수 없기 때문이다.

지분의 평가에서 발생하는 리스크

비상장주식의 가치를 평가하는 방법은 「상속세 및 증여세법」에 명시되어 있다. 하지만 중소기업의 오너는 주식을 사고팔아본 경험이 없기 때문에 자신이 보유한 지분의 가치가 얼마인지 알지 못한다. 평소에는 이것을 모른다 해도 별 문제 안 된다. 하지만 지분을 사전에 증여하거나 사후에 상속해야 하는 등의 일이 발생하면 평가된 지분의 가치에 따라 큰 금액의 세금 부담이 발생할 수 있다.

따라서 당신이 오너라면 해마다 법인세 신고를 마치고 나서 회사의 주식 가치를 평가해보고 이 지분을 증여, 상속, 양도할 때 어느 정도의 세금이 발생할지 가늠해 보아야 한다. 그리고 주식 가치를 어떻게 조절할 수 있는지에 대해서도 미리 알아두는 것이 좋다.

지분을 이동할 때 발생하는 리스크

주식은 금융자산이다. 하지만 당신이 설립한 기업의 주식은 사실 재산으로서 제 역할을 하지 못한다. 상장된 주식이 아니니 사고팔 수도 없고 경영권 때문에 함부로 투자를 받기도 어렵기 때문이다. 중소기업의 주식은 이동할 일이 거의 없다. 다만 최근에는 다음과 같은 이유로 자본거래가 느는 추세다.

- 가업승계를 위한 가족간 주식의 증여
- 차명주식 회수를 위한 주식의 양도
- 가지급금 해결을 위한 자기주식 취득

주식은 양도, 증여, 상속, 자기주식 취득이라는 통로를 통해 타인에게 이동한다. 주식을 이동시키기 위해서는 1주당 가격을 정해야 하기 때문에 주식 가치 평가가 선행되어야 한다.

주식의 거래가격이 결정되면 계약을 하게 되는데 이때 당사자 간의 관계가 특수관계인지 여부가 세무적으로는 매우 중요하다. 특수관계인 간에 지나치게 높거나 낮은 가격으로 주식을 증여하거나 양도할 경우에는 '부당행위계산의 부인' 규정이 엄격하게 적용되기 때

문이다. 또 특수관계인 간이 아니더라도 주식의 거래는 부당행위가
될 수 있으므로 회사의 주주를 변경하려고 할 때는 전문가의 자문을
꼭 받기를 원한다.

지분의 구성

좋은 주주, 나쁜 주주, 이상한 주주

주주와 지분

법인을 설립할 때 가장 신중하게 결정해야 할 일이 무엇이냐고 묻는다면 나는 '주주구성'이라고 답할 것이다. 법인을 운영할 때 리스크 관리 차원에서 가장 관심을 두어야 할 문제가 무엇이냐고 묻는다면 역시 '주주구성'이라고 답할 것이다. 법인의 출구 단계에서 오너에게 가장 큰 손실을 가져오는 리스크가 무엇이냐고 묻는다면 또 '주주구성'이라고 답할 수밖에 없다.

앞서 살펴본 법인의 제도나 임원의 보상과 관련된 리스크는 관리하기가 아주 힘들거나 비용이 많이 들지는 않는다. 그래서인지 자칭 전문가라고 하는 사람들이 꽤 많다. 등기, 정관, 퇴직금, 보상금, 잉여금, 가지급금, 가수금, 특허 등의 분야가 이에 해당된다.

하지만 주주의 지분과 관련된 리스크는 실무가 어렵고 비용이 많이 든다. 회계사, 세무사 등 전문가들과의 협업은 기본이고 자본거래의 원리를 정확히 이해하고 있어야 컨설팅이 가능하다. 명의신탁

보유지분에 따른 주주의 권리

보유지분	주주의 권리
1주 이상	• 의결권(보통주) • 설립무효 판결청구권 / 합병무효 판결청구권 • 주주총회 결의의 취소·무효 및 부존재확인의 판결청구권 • 이사회의사록 열람청구권 • 정관·주주총회의사록·사채원부 열람청구권 • 신주발행무효 판결청구권 • 감자무효 판결청구권 • 재무제표 열람청구권
1% 이상	• 이사의 위법행위 유지청구권 • 대표소송권
3% 이상	• 주주총회 소집청구권 • 이사의 해임청구권 • 회계장부열람권 • 회사의 업무, 재산 상태 조사를 위한 검사인 선임청구권
1/2 초과 (보통결의)	• 이사와 감사 선임 / 보수의 결정 • 재무제표 승인, 이익의 배당, 주식배당 • 자기주식의 취득 결의, 지배주주의 매도청구권 • 결손보전을 위한 자본금의 감소, 법정준비금의 감소 • 검사인의 선임, 청산인의 해임, 청산 종료의 승인
2/3 초과 (특별결의)	• 정관의 변경 • 영업의 전부 또는 중요한 일부의 양도 • 다른 회사의 영업 전부 또는 일부의 양수 • 주식매수선택권의 부여 • 이사 또는 감사의 해임 • 자본금의 감소, 합병 및 분할, 사후설립, 임의 해산 • 주주외의 자에 대한 전환사채 및 신주인수권부사채의 발행 • 주식의 포괄적 교환, 주식의 포괄적 이전, 주식분할, 주식의 할인 발행 • 회사의 해산 및 계속
100% (특수결의)	• 이사, 감사의 책임면제 • 주식회사의 유한회사로 조직변경

주식, 과점주주, 초과배당, 주식 가치평가, 증자, 감자, 출자전환, 가업승계, 지분 증여, 주식양도, 법인매각, 인수합병 등의 분야가 이에 해당된다.

주주의 지위는 회사를 설립할 때 자본금을 출자하거나, 증자할 때 신주를 인수하거나, 기존 주주로부터 주식을 매수하는 방법으로 획득한다. 주주의 권리는 주식의 취득으로 발생하며 주식의 양도, 소멸 등으로 상실한다. 주주가 되면 책임과 권리를 동시에 갖는데 과점주주가 아니라면 사실상 주주의 책임은 거의 없다. 최악의 경우라도 자신의 보유한 지분금액만 손해를 보면 되기 때문이다. 이에 비해 주주의 권리는 지분율에 따라 매우 광범위하고 다양하다.

과점주주

'과점주주'란 주주 1명과 그의 특수관계인 중 대통령령으로 정하는 자로서 그들의 소유주식의 합계가 해당 법인의 발행주식 총수 또는 출자 총액의 50%를 초과하면서 그에 관한 권리를 실질적으로 행사하는 자들을 말한다.

예를 들어 발행주식 수가 100주인 회사에 3명의 주주 A, B, C가 각각 50주, 1주, 49주를 보유하고 있다고 가정하자. A와 B가 가족이고 C는 특수관계인이 아닌 경우라면 A와 B는 둘 다 과점주주가 되는 것이다.

만약 세 사람이 서로 특수관계인이 아니라면 모두 과점주주가 아니다. 즉 오너와 그의 특수관계인의 지분을 합산해서 50%에서 1주라도 많으면 과점주주가 되는 것이다.

과점주주가 되면 부가적인 규제가 따른다. 예전에는 법인이 대출을 받을 때 과점주주가 연대보증을 해야 했지만 지금은 그 제도가 사라졌다. 그리고 2018년부터는 신용보증기금과 기술보증기금의 연대보증도 폐지되었다. 상담을 하다 보면 가끔 과점주주에 대한 막

과점주주의 책임

연한 두려움이 있어 회사의 지분을 차명으로 보유하려는 경우가 있다. 하지만 이는 작은 리스크를 피하려고 더 큰 위험을 감수하는 어리석은 결정이다.

과점주주가 져야 할 부담은 앞으로 설명할 세 가지가 전부다. 이에 대해 정확히 이해한다면 오히려 과점주주는 절세 측면에서는 '좋은 주주'라 할 수 있다.

과점주주의 의무 1: 국세 2차 납세의무

법인의 재산으로 그 법인에 부과되거나 그 법인이 납부할 국세 및 체납처분비에 충당해도 부족한 경우에는 그 국세와 지방세의 납세의무 성립일 현재의 과점주주가 그 부족한 금액에 대해 2차 납세의무를 진다.

다만 과점주주의 경우에는 그 부족한 금액을 그 법인의 발행주식 총수 또는 출자 총액으로 나눈 금액에 해당 과점주주가 실질적으로 권리를 행사하는 주식 수 또는 출자액을 곱해 산출한 금액을 한도로 한다. 즉 과점주주의 경우 다음 페이지 표와 같이 2차 납세의무 금액에서 자신의 지분율 만큼만 책임을 지게 되는 것이다.

과점주주의 2차 납세의무

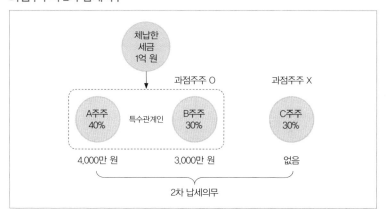

과점주주의 의무 2: 간주취득세 납세의무

법인의 주식을 취득함으로써 과점주주가 되었을 때, 그 과점주주는 해당 법인의 부동산 등을 취득한 것으로 보아 취득세를 과세한다. 이를 '간주취득세'라고 한다. 법인이 부동산을 취득할 때 이미 취득세를 납부했으므로 과점주주에게 부과하는 간주취득세는 명백한 징벌적 이중과세다. 하지만 과점주주에 대해 취득세를 부과하는 것은 과점주주가 되면 해당 법인의 재산을 사실상 임의로 처분하거나 관리·운용할 수 있는 지위에 있게 되어 실질적으로 그 재산을 직접 소유하는 것과 다를 바 없다고 보기 때문이다.

만약 법인설립 시부터 과점주주인 경우라면 간주취득세를 부과하지 않는다. 또 상장한 법인인 경우에는 과점주주의 취득세 납세의무가 없다.

간주취득세는 처음부터 과점주주인 경우와 과점주주의 지분비율이 변동된 경우, 과점주주가 아니었다가 다른 주주의 지분을 인수함으로써 과점주주가 된 경우 등 경우의 수가 매우 많다. 사례마다 간주취득세 납부액이 달라질 수 있으므로 자가공장이나 건물이 있는 경우 지분을 이동하기 전에 반드시 간주취득세와 관련된 내용의 검토가 필요하다.

간주취득세의 적용세율은 2%이고 과세대상과 취득세 과세표준은 다음과 같다.

간주취득세

	내용
과세대상	• 일반취득세 과세대상과 동일 • 부동산, 차량, 기계장비, 항공기, 선박, 골프회원권, 승마회원권, 콘도미니엄 회원권, 종합체육시설 이용회원권, 요트회원권
과세표준	• 취득 의제 당시의 해당 법인의 재산 총액을 기준으로 산정 • 장부가액을 기준으로 해 과점주주가 소유하고 있는 주식의 소유 비율을 곱한 금액이 과세표준
세율	• 2% • 별장, 골프장, 고급주택, 고급오락장, 고급선박 등은 중과세율 적용

간주취득세의 리스크를 이해하기 쉽도록 실제 상담한 사례를 예로 들어 보겠다. 농업회사법인인 ㈜○○푸드는 3명의 주주로 구성되어 있었다. 오너 A가 40%, 오너의 친구 B가 30%, 회사 직원 C가 30%의 지분을 각각 보유하고 있었다. B와 C는 모두 차명이었다.

처음 법인 사업을 하는 오너는 지분이 50%가 넘으면 만일 회사에 무슨 일이 생겼을 때 책임을 져야 한다는 이야기를 듣고 이렇게 지분을 구성했다고 한다. 다행히 회사는 자리를 잘 잡았고 매출은 100억을 넘긴 상태였다. 그런데 공장을 짓기 위해 준비하던 중 그전에 명의신탁 주식을 찾아와야 한다는 이야기를 들었다며 상담을 요청한 것이다.

토지 매입과 건축에 약 60억 원 정도의 비용이 들어가는데 자가공장을 짓기 전에 주식을 가져오는 것과 이후에 가져오는 것의 구체적인 차이가 어떻게 되는지 궁금해했다. 주식 가치나 특수관계인, 부당행위계산의 부인 규정 등을 설명하고 명의신탁된 주식의 환원에 관련된 전반적인 전략을 이야기하면서 간주취득세 문제를 언급했다.

만일 공장 건축을 마치고 등기를 완료한 후 명의신탁 주식을 가져오면 오너인 A가 과점주주가 되어 법인이 납부하는 취득세 외에 간주취득세 2%를 주주 개인이 추가로 부담해야 하므로 공장을 짓기 전에 명의신탁 주식을 해결하는 것이 좋겠다는 의견을 말했다.

이 회사의 경우 오너인 주주 A의 지분이 40%에서 100%가 되어 최초 과점주주가 되므로 약 1억 2,000만 원(공장 60억 × 과점주주 지분 100% × 간주취득세 2%)의 간주취득세를 추가로 납부해야 한다.

간주취득세는 처음부터 본인과 가족의 지분이 100%였다면 부담하지 않아도 되는 세금이다. 하지만 개인적인 사정과 경영상 어쩔 수 없이 주식을 명의신탁했다면 반드시 자가공장이나 건물을 마련하기 전에 해결해야만 추후에 불필요한 세부담을 지는 일이 없을 것이다.

과점주주의 의무 3: 건강보험료·국민연금 2차 납부의무

법인의 재산으로 그 법인이 납부해야 하는 건강보험료, 연체금 및 체납처분비를 충당해도 부족한 경우에는 해당 법인에게 보험료의 납부의무가 부과된 날 현재의 과점주주가 그 부족한 금액에 대해 자신의 지분율만큼 제2차 납부의무를 진다.

예를 들어 법인이 체납한 건강보험료 부담액이 2,000만 원이고 과점주주 2명의 지분율이 60%와 40%라면 각각 1,200만 원, 800만 원의 건강보험료를 대신 부담해야 하는 것이다. 이 제도는 2016년 8월 4일부터 시행되었다.

국민연금 역시 법인의 재산으로 그 법인이 납부해야 하는 연금보험료와 그에 따른 연체금 및 체납처분비를 충당해도 부족한 경우에는 해당 법인에게 연금보험료의 납부의무가 부과된 날 현재의 과점주주가 그 부족한 금액에 대해 제2차 납부의무를 지도록 하고 있다. 이 제도는 2015년 12월 23일부터 시행되었다.

차명주주

재산은 본인의 명의로 취득·사용·처분하는 것이 원칙이다. 하지만 개인적인 사정이나 경영상의 이유 등으로 본인의 명의로 주식을 취득하지 못하는 경우에 남의 이름을 빌리게 되는데 이를 명의신탁이라고 한다. 이때 실제 주주에게 명의를 빌려준 주주를 '차명주주'라고 한다. 등기나 등록이 필요한 재산은 본인이 아닌 타인의 명의로 재산을 취득하면 법적인 제재가 따르고 경우에 따라서는 형사처벌의 대상이 될 수도 있다. 자기의 재산을 타인의 명의로 하는 경우 받게 되는 제재의 내용과 관련 법령을 정리하면 다음 페이지 표와 같다.

명의신탁의 유형과 법적 제재

재산	관련법령	내용 및 제재
부동산 명의신탁	부동산 실권리 자명의 등기에 관한 법률 5조 / 6조 / 7조	누구든지 부동산에 관한 물권을 명의신탁약정에 따라 명의수탁자의 명의로 등기하는 것을 금지 • 위반 시 5년 이하의 징역 또는 2억 원 이하의 벌금 • 부동산 가액의 30%에 해당하는 금액의 범위 안에서 과징금을 부과 • 과징금 부과일부터 1년이 경과한 때에 부동산평가액의 10%에 해당하는 금액과 다시 1년이 경과한 때에 부동산평가액의 20%에 해당하는 금액을 각각 이행강제금으로 부과
비상장주식 명의신탁	상속세 및 증여세법 45조의2	권리의 이전이나 그 행사에 등기 등이 필요한 재산(토지와 건물은 제외)의 실제소유자와 명의자가 다른 경우에는 그 명의자로 등기 등을 한 날(그 재산이 명의개서를 해야 하는 재산인 경우에는 소유권취득일이 속하는 해의 다음 해 말일의 다음 날)에 그 재산의 가액을 명의자가 실제소유자로부터 증여받은 것으로 의제 • 증여세를 과세
차명계좌 (상장주식 포함)	상속세 및 증여세법 45조 4항	실명이 확인된 계좌 또는 외국의 관계 법령에 따라 이와 유사한 방법으로 실명이 확인된 계좌에 보유하고 있는 재산은 명의자가 그 재산을 취득한 것으로 추정 • 금융계좌에 자산이 입금되는 시점에 증여세를 과세
	금융실명거래 및 비밀보장에 관한 법률 3조	누구든지 불법재산의 은닉, 자금세탁행위 또는 공중협박자금조달행위 및 강제집행의 면탈, 그 밖에 탈법행위를 목적으로 타인의 실명으로 금융거래를 하는 것을 금지 • 위반 시 5년 이하 징역 또는 5,000만 원 이하의 벌금

* 차명계좌란 예금·적금·부금·계금·예탁금·출자금·신탁재산·주식·채권·수익증권·출자지분·어음·수표·채무증서 등 금전 및 유가증권 등의 금융자산을 말함.

　　부동산은 절대로 남의 이름을 빌려서 사지 않으면서 회사의 주식은 명의신탁하는 것에 별 꺼림이 없는 경우가 있다. 단순히 비상장주식을 명의신탁했다고 형사처벌까지 하는 경우는 드물지만 차명주주는 회사가 성장할수록 점점 더 큰 리스크가 될 수 있으므로 지금부터라도 관심을 가지고 해결하려는 노력이 필요하다.

주식을 명의신탁하는 이유

왜 주식을 남의 이름으로 취득할까? 크게 네 가지 정도의 이유가 있다.

첫째, 주주가 3명 이상이어야 법인을 설립할 수 있다는 말을 들었기 때문이다. 설립한 지 오래된 회사들이 보통 이런 이유를 많이 말한다. 현재는 주주가 1명만 있어도 법인설립이 가능하지만 2001년 이전에는 상법상의 발기인 요건에 다음과 같은 규정이 있었기 때문에 어쩔 수 없이 차명주주를 만들었다.

법인설립을 위한 발기인 요건의 변경

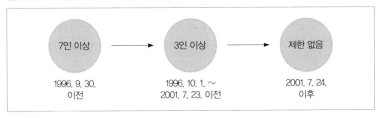

2001년 7월 24일 이전에는 원하지 않아도 회사에 주주를 3명 혹은 7명으로 만들어야 했다. 제도적인 측면에서 어쩔 수 없었던 경우다. 하지만 발기인 요건에 제한이 없어진 이후에 설립한 회사라면 이런 이유로 차명주주를 두는 것은 말이 되지 않는다. 잘못된 정보를 들었거나 법무적인 실수일 가능성이 높다.

둘째, 내 명의로 사업하기 어려운 상황이기 때문이다. 일은 해야 하는데 신용불량이거나 세금 체납으로 인해 본인의 명의로 사업을 할 수 없어서 명의신탁을 한 경우다. 법을 지키는 것보다 먹고 사는 것이 더 중요한 문제일 수 있기 때문에 이런저런 조언을 하기는 어렵다. 그렇다고 하더라도 본인의 명의가 힘들면 최대한 가족의 명의로 사업할 것을 권한다. 타인의 명의를 빌리면 굉장히 복잡한 문제가 발생할 가능성이 높다.

셋째, 내 지분이 50%를 넘으면 좋지 않다고 해서다. 사업이 잘못될 때를 대비해 손실을 최소화하고 세금을 아끼려고 차명주주를 만든 경우다. 앞서 본인과 특수관계인의 지분이 50%를 초과하면 2차 납세의무, 간주취득세 납세의 의무, 법인의 미납 건강보험료 및 국민연금 2차 납부의무가 발생한다고 설명했다. 이런 과점주주의 의무를 피하기 위해서 의도적으로 명의신탁을 통해 차명주주를 둔 것이다.

넷째, 절세를 할 수 있다고 해서다. 차명주주를 통해 배당을 하면 종합소득 합산과세를 피할 수 있고, 특수관계를 은폐함으로써 부당행위계산부인 규정 등의 적용을 회피할 수 있기 때문에 명의신탁을 하는 경우다. 말 그대로 세금을 회피할 목적인 것이다.

과세관청은 첫 번째 이유에 대해서는 어쩔 수 없이 명의신탁한 사유가 국가의 제도 때문임을 인정해서 구제할 수 있는 '명의신탁 주식 환원 간소화제도'를 마련해주었다. 하지만 나머지 이유에 대해서는 기본적으로 세금을 회피할 목적으로 본다. 부동산과 달리 주식은 주주명부에 명의개서하는 것만으로 소유권이 이전되므로 증여세 등을 회피하기 위한 변칙 증여 수단으로 보는 것이다.

명의신탁 주식을 빨리 찾아와야 하는 이유

법률적으로 명의신탁의 대외적 관계에서는 등기명의인인 수탁자만이 소유권을 가진다. 하지만 대내적 관계에서는 수탁자 명의로 등

차명주주의 리스크

리스크	내용
수탁자의 변심	본래 명의신탁은 명의신탁한 사실을 꽁꽁 숨기는 것이 일반적이므로 명의신탁자에게 불의의 사고가 생기는 경우 수탁자가 자기의 재산임을 주장할 수 있다. 또한 회사의 자산가치가 증가하는 경우 주식의 가치가 높아진 사실을 명의수탁자가 알고 있는 경우 수탁자의 변심 가능성은 더욱 커진다.
수탁자의 사망	명의수탁자의 유고로 상속이 개시된 경우 명의신탁된 주식을 명의수탁자의 상속인이 상속재산에 포함해 상속세 신고가 이루어지면 그 상속인들이 신탁자에게 돌려주지 않을 가능성이 매우 크며 이로 인해 법정 소송에 휘말리는 사태를 불러올 수 있다.
명의신탁사실 증거의 입증 문제	명의신탁 주식의 명의신탁 해지를 통한 주식환원 시 가장 중요한 요소는 과거 명의신탁한 사실을 객관적으로 입증할 수 있는 증거자료가 있느냐 하는 것이다. 이 경우 증거자료로서 가장 확실한 것은 바로 '금융증빙(법인설립 당시 출자금을 명의신탁자가 명의수탁자에게 입금한 금융증빙)'인데, 오랜 시간이 흐르면 이와 같은 금융증빙의 근거자료를 제시하기 어려울 수 있다.
자본거래의 위험성 또는 제약	설립 당시 주식을 명의신탁하고 이후 회사가 성장해 증자하는 경우 명의수탁자에게 추가로 배정이 이루어져 명의개서가 이루어지는 경우 증자 당시의 가액으로 또 한 번 명의신탁 하는 것이 되어 엄청난 증여세를 부담하게 된다. 최초 명의신탁 이후 이와 같은 자본거래를 행하기 이전에 명의신탁 주식을 해결한다면 추가적인 증여세 문제는 발생하지 않을 것이나 실무상 명의신탁 이후 자본거래의 중요성과 심각성을 인식하지 못하고 증자 등 자본거래를 실행하는 경우가 대부분이다. 따라서 명의신탁한 주식은 가능한 한 빨리 찾아와야 하는 것이며, 또한 명의신탁 이후 자본거래의 위험성을 인지하고 있다 하더라도 증자 등을 해야 하는 경우 시간 또는 절차상의 제약(명의신탁 주식을 환원하는 것은 시간이 상당히 소요되는 이유)을 가져올 수 있다.

출처: 김창영, 《2021 기업경영과 절세설계》, 돈택스, 2021, 411쪽

기가 되었더라도 신탁자가 소유권을 보유하며, 신탁재산을 관리하고 수익을 가지는 것이다. 따라서 수탁자는 신탁자에게 소유권을 주장할 수 없으며, 신탁자의 동의 없이 임의로 재산을 처분한 경우에는 민사상 불법행위에 의한 손해배상책임을 지거나, 형사상 횡령죄가 성립한다. 또한 신탁계약이 해지되면 수탁자는 신탁자에게 그 재산을 이전해줄 의무가 있고 명의수탁자가 사망하면 그 명의신탁 관

계는 그 상속인과의 사이에 존속한다.

그러나 현실에서는 이와 같은 법률관계에도 불구하고 명의수탁자가 자신의 소유라고 주장하거나, 명의수탁자가 사망해 수탁자의 상속인에게 상속되어 그 권리관계의 분쟁이 생기는 것을 흔하게 본다. 차명주주는 가급적 하지 말아야 할 '나쁜 주주'라고 생각하라.

단독주주

법인을 설립·운영·승계·청산하는 모든 단계에서 가장 큰 리스크를 발생시키는 것은 주주의 구성에 관한 문제다. 앞서 과점주주와 차명주주에 관한 리스크를 살펴보았는데 마지막으로 단독주주는 어떤 리스크가 발생하는지 알아보자.

2001년 7월 이후부터 주주가 1명만 있어도 법인을 설립할 수 있게 되었다. 보도에 따르면 2020년 말 현재 1인 주주로 구성된 법인의 수는 31만 개가 넘는다. 전체 법인 수 약 95만 개의 32.6%가 조금 넘는 비율이다. 2019년에 비해 3만 개가 더 늘었고 앞으로도 더 늘 것으로 보인다(김다혜, "'1인 주주 법인' 31만 개·전체 법인의 33%…'소득세 탈루 위험'", 〈연합뉴스〉, 2021. 10. 6.).

앞에서 살펴보았듯 과점주주를 피하기 위해 차명주주를 세우는 것은 매우 위험하다. 차라리 단독주주로 법인을 운영하는 것이 리스크 측면에서는 더 좋은 선택일 수 있다. 하지만 단독주주는 플랜 B이며 가급적이면 주주구성을 할 때 가족들로 최대한 분산하는 것이 리스크 측면에서는 플랜 A다.

주주구성에 따른 배당소득세 부담

주주(지분 변화)	단독주주에게 배당할 때	가족주주에게 배당할 때
오너 소득세 (100% → 50%)	75,403,900(25.1%)	41,105,900(20.6%)
가족1 소득세 (0% → 30%)	–	9,240,000(15.4%)
가족2 소득세 (0% → 10%)	–	3,080,000(15.4%)
가족3 소득세 (0% → 10%)	–	3,080,000(15.4%)
소득세 합계	75,403,900(25.1%)	56,505,900(18.8%)

* 오너의 급여 1억 원, 나머지 가족은 급여 없고 배당금액은 총 2억 원으로 계산한 금액임

배당할 때 소득세 부담 증가

우리나라 중소기업은 배당을 거의 하지 않는다. 하지만 오너가 법인의 자산을 개인자산으로 바꾸는 노력을 지속적으로 하지 않으면 법인의 출구 단계에서 세부담이 엄청날 수 있기 때문에 어느 정도 성장을 이룬 법인이라면 임원의 급여 외에 주주의 배당도 고려할 필요가 있다.

소득세는 초과누진세율 구조이기 때문에 소득이 적을 때에는 세부담이 적다가 소득이 일정수준 이상을 넘으면 세부담이 급격히 늘도록 설계가 되어 있다. 이런 초과누진세율 구조에서는 분산이 절세를 위한 유일한 방법이다. 소득의 통로와 귀속처, 시기를 잘 나누는 것이 절세의 핵심인 것이다.

분산의 원리는 배당을 할 때도 적용된다. 단독주주로 배당금 전액을 혼자 받는 것보다 가족과 나누어 배당받는 것이 절세에 유리하다. 배당을 분산해서 소득세를 절세하기 위해서는 사전에 주주가 가족들로 구성되어 있어야 함은 물론이다.

앞의 내용은 실제 상담을 하면서 지분분산에 따른 배당소득세 절세금액을 시뮬레이션 해본 것이다. 대표 지분을 배우자와 자녀에게 각각 30%, 10%, 10%로 분산하고 총 2억 원의 배당금을 지분율에 따라 배당하면 연간 약 1,900만 원 정도의 소득세를 아낄 수 있다.

승계할 때 상속·증여세 부담 증가

언젠가는 법인이라는 옷을 벗을 때가 온다. 만약 평생 일군 사업이 자리를 잘 잡고 가업을 이어받을 자녀가 있다면 승계를 해야 할 것이다. 가업승계는 경영권 승계와 재산권 승계로 나눌 수 있는데, 경영권 승계는 대표이사 자리를 물려주는 것이고 재산권 승계는 주식을 물려주는 것이다. 대표이사를 시키는 것은 어렵거나 비용이 많이 들지 않지만 주식을 물려주는 것은 그렇지 않다. 자본금 5,000만 원으로 시작한 회사의 주식 가치가 몇 십억 원이 되면 매우 큰 세부담이 발생하게 된다.

그런데 만약 설립 때부터 혹은 초창기에 주식을 자녀와 60:40으로 나눈 상태라면 어떨까? 증여와 상속이 발생했을 때 세부담은 비교할 수 없을 정도로 낮을 것이다. 10억 원짜리 건물을 사서 100억 원이 된 다음 자녀에게 넘겨주는 것보다 아예 처음부터 자녀와 함께 부동산을 매입하거나 가격이 낮을 때 사전에 증여하는 것이 상속세를 아끼는 가장 좋은 방법임은 더 말할 필요가 없다.

법인의 주식은 부동산을 매입하는 것보다 훨씬 쉽고 저렴하게 이전할 수 있기 때문에 단독주주라면 빠른 시간 안에 자신의 지분을 가족들과 나눌 필요가 있다.

지분의 배당

슬기로운 배당 생활

주주와 배당

중소기업은 배당을 할 줄도 모르고, 해본 적도 없고, 해야 할 필요도 못 느끼는 것 같다. 간혹 배당을 했던 업체를 만나기도 하는데 1회로 그친 경우가 대부분이다.

배당을 꾸준히 하면 긍정적인 영향이 있다. 배당을 하려면 이익이 잘 나야 할 뿐만 아니라, 현금도 보유하고 있어야 하므로 대출을 실행할 때 은행과 정책기관의 신용평가 점수에 가산 요인이 된다.

세무적으로도 이점이 있다. 배당소득세율은 14%부터 시작하므로 일정한 금액까지는 6%부터 시작하는 근로소득세에 비해 고율의 세금을 부담하게 된다. 세무당국 입장에서는 세금을 더 납부하는 것이므로 싫어할 이유가 없다. 또 급여는 일정한 금액을 넘어서면 근로소득세가 폭발적으로 증가하기 때문에 세부담이 커지는데, 이때 배당을 섞으면 전체적으로 납부하는 소득세 부담이 줄어든다. 마지막으로 장기간에 걸친 꾸준한 배당을 통해 자녀의 소득 출처를 마련해두면 가업승계 시 증여·상속이 아닌 양도를 통해 큰 세금을 아낄 수 있다. 증여나 상속을 하는 경우에는 최고세율이 50%이지만 비상장주식을 양도하는 경우에는 20%의 세금만 부담하면 되기 때문이다.

배당은 여러모로 긍정적인 영향이 많지만 무리하게 배당을 하는 경우 순자산이 유출되어 자본이 감소하므로 부채비율은 증가한다. 이 때문에 대출에 부정적인 영향을 줄 수 있다.

배당을 하기 위해서는 이익이 있어야 한다. 하지만 이익이 있다고 이를 전부 배당할 수는 없고 상법에서 정한 상한선 이하로만 배당이 가능하다. 이를 '배당가능이익'이라고 하는데 다음과 같이 계산된다.

상법상 배당가능이익

배당의 원칙

배당은 1년에 한 번, 현금으로, 보유지분의 비율대로 하는 것이 원칙이다. 즉, 결산배당, 현금배당, 초과배당이 원칙이다. 하지만 중간배당, 현물배당, 차등배당도 가능한데 여기서는 간략하게 그 개념만 설명하기로 한다.

결산배당 vs 중간배당

배당은 결산을 확정한 후 연 1회 이익배당을 하는 것이 원칙이다.

실무적으로는 3월에 법인세 신고를 위한 결산을 한 후 주총을 통해 배당 결정을 한다. 하지만 정관에 규정을 정하면 이사회의 결의에 의해 영업연도 중 1회에 한해 추가로 중간배당도 가능하다. 즉 1년에 최대 두 번의 배당을 할 수 있게 된다. 다만 중간배당의 경우 주식배당은 불가능하고 금전에 의한 배당만 가능하다. 또 직전 회계연도 말에 이월결손금이 있는 경우와 당해 회계연도에 결손이 발생해 배당가능이익이 발생하지 않을 우려가 있는 경우에는 중간배당이 불가능하다.

만약 봄에는 현금이 부족해서 배당을 하고 싶어도 못하는 기업이라면 중간배당을 통해 배당시기를 탄력적으로 조절할 수 있다. 중간배당을 활용하기 위해서는 반드시 정관에 관련 규정이 있어야 하는 점에 주의해야 한다.

현금배당 vs 현물배당

상법에서는 원칙적으로 현금배당과 주식배당(무상증자)만 인정한다. 하지만 정관에 정함이 있는 경우에는 현물로도 배당을 할 수 있다. 이를 현물배당이라고 한다. 중소기업은 현물로 배당을 할 일은 거의 없고 실익도 크지 않기 때문에 개념 정도만 알면 되지만 만약의 경우를 대비해서 정관에 관련 규정은 넣어둘 필요가 있다.

균등배당 vs 초과배당

이익배당은 주주평등의 원칙이 적용되므로 각 주주가 가진 주식의 수에 따라 균등한 금액을 지급해야 한다. 이를 균등배당이라 한

균등배당과 초과배당

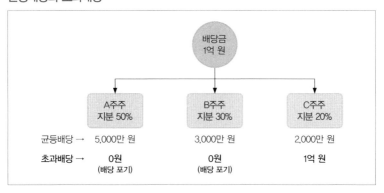

다. 하지만 주주 간에 배당금 또는 배당률을 달리해서 배당을 하는 것도 가능한데 이를 초과배당이라고 한다. 실무에서는 흔히 차등배당이라고 한다.

원래 초과배당은 상장사의 대주주나 지배주주가 소액주주에 비해 더 적은 배당금을 받거나 더 낮은 배당률의 적용을 받아 소액주주의 권리를 보호하기 위한 제도다. 비상장법인의 경우 지배주주가 자녀 등 특수관계인에게 부를 무상으로 이전하기 위한 수단으로 활용할 수 있었기 때문에 최근 몇 년간 꽤 인기 있는 절세 방법이었다. 하지만 초과배당을 하는 경우 소득세와 증여세를 모두 부담하는 것으로 세법이 개정되어서 이제 절세 효과는 사라졌다.

배당과 세금
법인의 소득에는 법인세를 과세하고 개인의 소득에는 소득세를 부과한다. 소득세는 이자, 배당, 사업, 근로, 연금, 기타 소득은 모두

금융소득종합과세

합산해서 종합과세하고 양도소득과 퇴직소득은 다른 소득과 합쳐서 과세하지 않고 분류과세 한다.

　종합소득 중에서도 이자와 배당은 금융소득으로 구분하는데 연 2,000만 원 이하는 14%로 분리과세하고 초과분은 다른 소득과 합산해서 종합과세한다. 이를 금융소득종합과세라고 한다. 절세를 위해서는 이 개념을 알 필요가 있는데 이자와 배당이 2,000만 원을 초과하는 경우에 고율의 세부담이 발생할 수 있기 때문이다.

　그러나 금융소득 이외에 다른 종합소득이 없는 경우라면 합산과세 효과가 없기 때문에 배당을 받더라도 실질적인 세부담은 그리 높지 않다. 이중과세 조정장치인 배당세액공제의 효과 때문이다. 배당

배당소득만 있는 경우 소득세 추산

(단위: 천 원)

배당액	50,000	100,000	132,000	200,000	1,000,000
종합소득금액	53,300	108,800	144,320	219,800	1,107,800
산출세액	7,000	18,532	30,887	58,754	423,646
배당세액공제	–	4,532	12,320	19,800	107,800
결정세액	7,000	14,000	18,567	38,954	315,846
실효세율	14.0%	14.0%	14.1%	19.5%	31.6%

* 소득공제는 본인에 대한 기본공제만 반영해 계산

소득 이외 다른 종합소득이 없는 경우 배당으로 인한 실질적인 세부담 효과는 앞 페이지 표와 같다.

위에서 보듯이 배당소득만 있다고 가정하는 경우, 약 1억 3,000만 원 정도까지는 배당소득세가 14%로 고정되고 이후 구간부터 증가한다. 만약 같은 금액을 근로소득으로만 수령 한다면 세부담은 아래와 같다.

근로소득만 있는 경우 소득세 추산

(단위: 천 원)

배당액	50,000	100,000	132,000	200,000	1,000,000
근로소득	37,750	85,250	116,610	183,250	967,250
결정세액	4,357	14,880	25,388	49,665	370,215
실효세율	8.7%	14.9%	19.2%	24.8%	37.0%

* 소득공제는 본인에 대한 기본공제만 반영해 계산

앞의 두 표를 비교해보면 대략 1억 원 이하에서는 배당소득이 근로소득보다 세부담이 높지만 그 이상이 되면 근로소득의 실효세율이 더 높아지는 것을 볼 수 있다. 물론 오너의 경우에는 소득공제, 세액공제, 세액감면 조건과 건강보험과 국민연금 부담, 법인세 부담까지 모두 포함해 계산을 해보아야 정확하게 세부담을 비교할 수 있다. 다만, 이런 비교를 통해 알 수 있는 것은 급여가 일정 수준을 넘어서면 배당정책을 고려하는 것이 필요하다는 사실이다.

배당의 활용

법인은 출구 단계에서 가장 큰 세부담이 발생하는데 이를 대비해 꾸준히 배당을 실시하면 청산할 때는 소득세를, 승계할 때는 상속세를 크게 아낄 수 있다. 그뿐만 아니라 법인의 운영 단계에서도 급여와 배당으로 소득을 나누어 받으면 종합소득세를 절감할 수 있다.

배당을 효과적으로 활용하기 위해서는 먼저 법인의 지분이 잘 설계되어 있어야 한다. 주주를 구성하는 것은 각 기업의 상황과 경영 전략에 따라 다를 수 있지만 중소기업은 최대한 '가족들로 분산'을 하는 것이 원칙이다. 만일 단독주주이거나 차명주주가 있는 경우라면 배당을 하는데 많은 제약이 따를 수밖에 없다.

지분설계를 통해 배당정책을 실시한다면 절세 효과가 얼마나 있을까? 아래 표와 같이 법인으로부터 급여로만 2억 원을 받는 경우와 주주를 가족으로 재구성해 '급여 4,000만 원+가족의 주주 배당 1억

급여와 배당을 활용한 절세 플랜

구분	급여로만 설계하는 경우 (대표 급여 2억 원)	급여+배당으로 설계하는 경우 (대표 급여 4,000만 원 +가족 4명 배당 1억 6,000만 원)
①소득세 부담액(대표)	4,520만 원	1,312,500원
②법인세 절세 효과(-)	2억 원×20%=4,000만 원	4,000만 원×20%=800만 원
③배당소득세 부담액 (대표)	-	4,000만 원×40%=1,600만 원
④배당소득세 부담액 (배우자 및 자녀)	-	1억 2,000만 원×14%=1,680만 원
⑤상속세 절세 효과(-)	-	1억 2,000만 원×50%=6,000만 원
세금 효과	①-②=520만 원	①-②+③+④-⑤=(-)33,887,500원

* 주주구성을 대표이사·배우자·자녀 2명으로 구성해 1인당 4,000만 원씩 배당하는 경우를 가정
** 인적공제는 4인 가족을 기준으로 하고 소득공제 및 연금보험료 공제만 반영해 산출
*** 대표이사의 한계세율은 40%로 가정하고 기타의 경우 배당으로 인한 이중과세는 완전히 조정되는 것으로 가정(배우자 및 자녀는 다른 소득이 없는 것으로 가정)
**** 급여로만 처리하는 경우 대표이사의 개인 재산으로 남아 상속세를 부담하나 지분구조를 설계해 배당을 실시하되 1인당 4,000만 원씩 배당하는 경우 배우자 및 자녀 2인에게 귀속시킨 배당소득 1억 2,000만 원은 미래의 상속세를 절세

6,000만 원'으로 나누어 받는 경우 소득세, 법인세, 상속세에 미치는 영향을 비교해보았다.

소득세뿐만 아니라 법인세, 증여세, 상속세 효과를 모두 고려하면 법인으로부터 2억 원의 보상을 받을 때 오너의 급여로만 처리하는 경우는 약 520만 원의 실질세부담이 발생한다. 하지만 가족을 주주로 구성해 배당을 함께 하는 경우는 매년 약 3,300만 원 이상의 절세 효과가 발생한다. 어떤가? 이렇게 리스크는 관리하기에 따라 손실이 될 수도 있지만 이익을 만들 수도 있다.

지분의 증감

가화절세성(家和折稅成)

주주와 자본

회계에서 가장 기본적인 공식을 하나 꼽으라면 '자산 = 부채 + 자본'일 것이다. 이 방정식은 짧지만 매우 중요하고 많은 내용을 담고 있다. 이 방정식은 회사가 보유한 자산 중에 주주의 몫이 얼마나 되는지 보여준다. '자산 − 부채 = 자본'으로 표시하면 그 의미가 더 명확해진다.

기업은 돈을 벌기 위한 조직이다. 돈을 벌기 위해서는 자산이 필요하다. 기업이 이 자산을 마련하기 위해서 남의 돈을 빌려오면 부채로 표시하고, 주주의 돈을 사용하면 자본으로 기록한다.

예를 들어 어떤 기업에 현금, 예금, 받을 외상값, 재고 등 유동자산과 토지, 건물, 차량, 소프트웨어 등 비유동자산이 모두 합쳐 10억 원 정도가 있다면 재무상태표에 자산 10억 원이라고 표시한다. 그러면 이 자산 10억 원을 마련하기 위해 남의 돈은 얼마를 빌렸는지, 자기 돈은 얼마가 들었는지 구분해야 한다. 다음 그림처럼 차입금이나

재무상태표의 구성

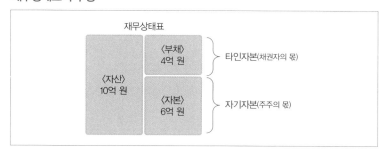

갚을 외상값 등 부채가 4억 원이라면 나머지는 주주의 돈이므로 자본이 6억 원이 되는 것이다.

자본은 크게 두 가지로 나눌 수 있는데 처음 사업을 시작할 때 투자한 자본금과 후에 사업으로 번 돈을 모아 놓은 이익잉여금이다. 물론 이외에도 자본잉여금과 이익준비금 등이 있지만 중소기업의 경우는 대게 자본항목에 자본금과 이익잉여금이 전부다.

자본의 구성

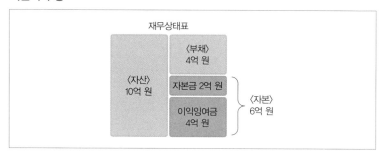

당기순이익은 주주 배당을 통해 사외유출할 수도 있고 사내유보로 처분해 이익잉여금으로 쌓을 수도 있다. 매년 당기순이익이 발생

하는 기업이 전액 배당처분을 하지 않는다면 이익잉여금은 해마다 늘어나게 된다. 1년에 1억 원의 순이익이 발생한다면 4년 후에는 이익잉여금이 4억 원이 된다.

이익잉여금과 달리 자본금은 이익이 발생한다고 늘어나지 않는다. 주주들이 추가로 투자를 해야만 늘어나는데 이를 '증자'라 한다. 증자를 하게 되면 공식(자산 = 부채 + 자본)에 따라 자산도 같은 금액만큼 늘어난다.

자본금은 '액면가 × 주식 수'다. 어떤 회사가 액면가 1만 원짜리 주식 2만 주를 발행했다면 자본금은 2억 원이 된다. 한번 정한 액면가

증자와 감자의 이해

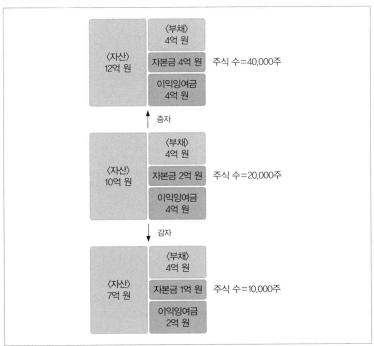

는 특별한 경우가 아니면 잘 바꾸지 않으므로 대게 '증자'는 주식 수를 늘리는 것을 의미한다. 반대로 주식 수를 줄이면 '감자'가 된다.

자본금을 늘리거나 줄이는 것은 법인에서 중요한 결정이다. 특별한 목적 없이 증자나 감자를 하지는 않기 때문이다. 지금부터는 증자와 감자의 원리를 설명하고 그 과정에서 발생할 수 있는 리스크에 대해 좀 더 자세히 알아보도록 하자.

유상증자 vs 무상증자 vs 출자전환

증자는 말 그대로 자본금을 늘리는 것이다. 자본금을 늘린다는 의미는 곧 주식 수를 늘리는 것을 말하는데 방법은 크게 세 가지 정도가 있다. 주주들이 추가로 투자를 하거나, 이익잉여금을 자본금으로 전환하거나, 부채를 자본금으로 전환하는 방법이다. 회계 용어로는 유상증자, 무상증자, 출자전환이라고 한다.

유상증자는 기존 주주나 새로운 주주에게 신주를 발행해 자본을 늘리는 방법이다. 만약 자본금이 2억 원(1만 원 × 20,000주)인 회사가 2억 원을 유상증자 한다면 외부에서 자본금 2억 원이 유입되고 이에 따라 자산도 2억 원이 증가하게 된다.

무상증자는 사내유보 되어 있는 준비금 또는 이익잉여금을 자본금으로 전환하는 방법이다. 이익잉여금은 언젠가 돌려주어야 할 주주의 몫이기 때문에 주주만 동의한다면 자본금으로 전환하는 것에 문제가 없다. 무상증자는 자본 항목 내에서 계정과목만 바뀌는 것이므로 자산은 증가하지 않는다.

출자전환은 부채계정의 채무를 자본계정의 자본금으로 바꾸는

증자 방법에 따른 재무상태의 변화

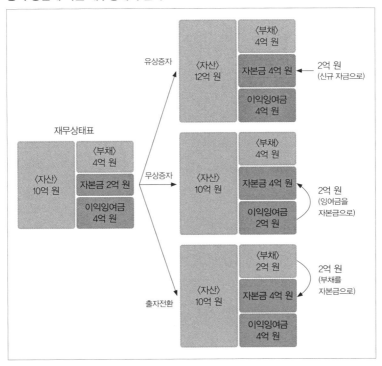

것이다. 가수금은 부채이므로 채권자의 동의만 있다면 자본금으로 전환할 수 있다. 이런 방식의 증자는 무상증자와 마찬가지로 자산에 변동이 없다.

유상증자

유상증자는 법인이 신주를 발행해 자금을 조달하는 방법이다. 당연히 법인에는 새로운 자금이 유입되어 자본이 늘어나고 이에 따라 자산도 증가한다.

유상증자를 하는 방법은 주주에게 그가 가진 주식 수에 따라서 신주를 배정하기 위해 신주인수청약을 할 기회를 부여하는 '주주배정 증자방식'이 원칙이다. 이 주주배정 증자는 기존 주주 외에는 증자에 참여할 수 없고, 기존 주주는 자신의 지분비율대로 증자에 참여할 권리가 있다. 주주배정 증자는 상법 절차에 따라 신문에 배정일을 2주간 공고해야 하고, 또 2주간 청약최고를 해야 한다.

하지만 주주 전원의 동의가 있는 경우에는 신문공고를 생략해 이 기간을 단축할 수 있다. 실무상 주주 전원의 동의가 가능한 비상장법인의 경우에는 이 방법을 주로 사용하는데 이를 '기간단축 방식'이라고 한다. 총주주의 동의로 기간단축 방식으로 증자하는 경우 다음의 방법으로 자유롭게 신주를 배정하는 것이 가능하다.

- 신주를 기존주주들에게 그 지분비율대로 배정하는 방법(균등증자)
- 기존주주의 지분비율과 다르게 배정하는 경우(불균등증자)
- 기존주주는 배제하고 신주 전부를 제3자에게 배정하는 방법(제3자배정증자)

무상증자

무상증자는 법인이 준비금이나 이익잉여금 등을 자본금으로 전입하면서 기존 주주들에게 무상으로 신주를 교부하는 것을 말한다. 무상증자는 외부에서 자금이 투자되지 않으므로 증자로 인한 자산의 증가는 없고 기존 주주의 주식 수만 늘어나게 된다. 무상증자의 목적은 자금을 조달하기 위해서가 아니라 자본금의 액수를 늘리거나 사내유보금을 조절하기 위해 실행한다.

무상증자는 일종의 배당인데 현금이 아닌 주식으로 배당을 하는 것이고 신주를 받은 주주는 배당소득세를 납부해야 한다. 주식배당은 주주총회의 결의에 의해 이익의 배당을 새로 발행하는 주식으로 할 수 있다.

자본계정의 이익잉여금은 바로 무상증자의 재원으로 사용할 수 없고 정기주주총회에서 이익준비금으로 처분한 후 실행해야 한다. 그런데 자본금의 1/2을 초과하는 이익준비금은 임의적립금으로 보아 무상증자의 재원으로 사용할 수 없다. 즉 현재 자본금이 2억 원이라면 1/2인 1억 원까지만 무상증자가 가능하다는 의미다.

출자전환

출자전환은 기업의 재무구조를 개선하는 방법의 하나로 기업부채를 주식으로 전환하는 것을 말한다. 일반적으로 금융기관이 기업에 대출하거나 보증한 돈을 회수하지 않고 기업 주식과 맞교환하는 방식으로 이루어진다. 대출금을 주식으로 전환하면 은행은 채권자에서 주주로 바뀐다. 이를 통해 은행은 부실채권이 발생하는 것을 막고 기업을 정상화한 뒤 다른 곳에 매각할 수 있다. 기업의 입장에서는 부채를 없애고 이자 부담을 줄여 경영정상화를 도모할 수 있다는 장점이 있다. 2017년에 산업은행과 시중은행이 대우조선해양의 2조 원 넘는 부채를 출자전환해 2,000% 넘는 부채비율을 400%로 떨어뜨린 사례가 있다.

가수금은 기업 입장에서는 채무이지만 오너 입장에서는 채권이다. 따라서 채권자의 동의만 있다면 자본금으로 변경이 가능한데 이를 '가수금 출자전환'이라고 한다.

가수금 출자전환을 결정하기 전에 먼저 다음과 같은 리스크를 점검해볼 필요가 있다.

- 출자전환으로 과점주주의 간주취득세 문제가 발생하지 않는가?
- 출자전환으로 법인세와 증여세 문제가 발생하지 않는가?

우선 가수금 출자전환으로 과점주주의 간주취득세 문제가 발생하는지 점검해야 한다. 만약 출자전환으로 최초 과점주주가 되거나 기존 과점주주의 지분비율이 올라가는 경우라면 지방세법의 규정에 의해 간주취득세가 발생하게 된다. 물론 이 경우 이미 100% 과점주주거나 자가공장 등의 부동산이 없다면 문제되지 않는다.

가수금 출자전환으로 법인세와 증여세 문제가 발생하는지도 살펴야 한다. 1인 주주의 경우라면 이런 세무적인 문제가 발생하지 않는다. 하지만 주주가 여러 명이라면 가수금 출자전환으로 증여세나 부당행위계산의 부인 규정에 따른 법인세 리스크가 발생할 우려가 있다.

여러 주주가 자신의 지분비율대로 각각 가수금이 있다면 문제가 되지 않겠지만 그럴 가능성은 낮다. 가수금은 여러 주주 중 1인의 것일 가능성이 높기 때문에 그 1인의 가수금만을 출자전환 하면 지분율의 변동이 발생한다. 만약 이 경우 시가가 아닌 금액으로 출자전환을 하면 법인세와 증여세 문제가 생기게 된다.

주주가 가족으로만 구성되어 있다면 이 문제는 채권의 증여를 통해 해결할 수 있다. 하지만 차명주주가 있는 경우라면 가수금 출자전환은 문제를 더 복잡하게 만든다. 이런 차원에서 이 책에서는 주주를 반드시 가족으로만 구성하는 것을 권하는 것이다.

균등증자 vs 불균등증자 vs 제3자배정증자

자본금 증자시 기존 주주의 지분비율대로 신주인수권을 부여하고 주식을 배정하는 것이 원칙이다. 증자는 재산권을 행사하는 것이므로 증자에 참여할지 말지는 주주의 자율로 선택할 수 있다.

균등증자

만일 모든 주주가 증자에 참여하기로 했다면 균등증자가 되는 것

균등증자와 주주의 지분비율

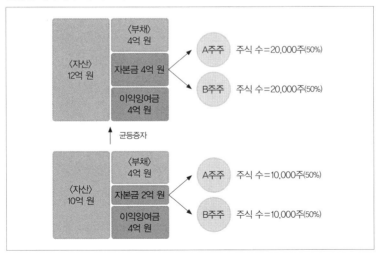

이다. 균등증자는 주식 수가 증가하지만 기존 주주의 지분율에는 변동이 없다. 이 경우 액면가로 계산해 신주를 배정하기 때문에 이를 액면증자라고 한다. 리스크 차원에서는 복잡한 문제를 발생시키지 않는 가장 좋은 증자 방법이라 할 수 있다. 이 역시 가족들로만 주주가 구성되어 있어야 탈 없이 진행할 수 있다.

불균등증자

불균등증자는 자본금 증자시 특정 주주에게 지분비율을 초과해 주식을 배정하는 것이다. 만약 주식발행가액이 주식의 실질가치보다 높거나 낮은 경우라면 이익의 증여로 인한 증여세 이슈가 발생하게 된다.

예를 들어 설립 당시 액면가 1만 원이었던 주식이 현재 2만 원이 되어 있는 경우, 이를 액면가인 1만 원에 특정한 주주에게만 신주를 발행한다면 이 주주는 차액 1만 원의 이익을 증여받은 것으로 보는 것이다. 반대의 경우라면 증자에 참여하지 않은 주주에게 증여이익이 발생하게 된다.

그러므로 불균등증자의 경우에는 반드시 주식의 시가를 계산해 증자해야 한다. 예를 들어 설립 당시 액면가 1만 원이었던 주식이 현재 2만 원이 되어 있다면 균등증자의 경우에는 액면가인 1만 원으로 증자할 수 있지만 불균등증자의 경우에는 주당 2만 원에 신주를 발행해야 한다. 만약 불균등증자를 하게 되면 1만 원은 자본금계정으로 편입하고 나머지 1만 원은 주식발행초과금으로 처분해 자본잉여금 계정으로 회계처리를 한다. 그러므로 불균등증자의 경우 다음 표

불균등증자와 주주의 지분비율

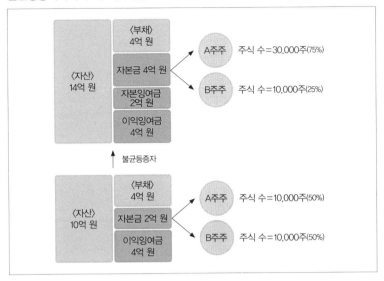

처럼 대부분 자본잉여금이 발생한다.

제3자배정증자

'주주는 그가 가진 주식 수에 따라서 신주의 배정을 받을 권리가 있다'는 것이 상법의 원칙이다. 하지만 신기술의 도입, 재무구조의 개선 등 회사의 경영상 목적을 달성하기 위해 필요한 경우에 정관에 규정을 마련하면 주주 외의 자에게 신주를 발행할 수 있다. 이를 '제3자배정'이라고 한다.

제3자배정 방식의 증자는 대부분 외부의 투자를 받을 때 많이 활용하므로 배수증자를 한다. 즉 불균등증자에 해당하므로 재무상태표에 자본잉여금이 발생하게 된다. 이 방식은 기존 주주들이 증자에

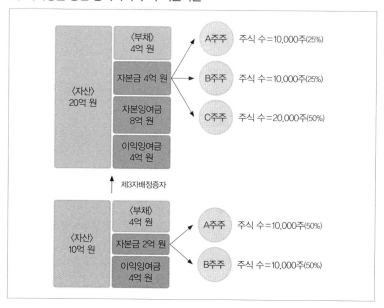

제3자배정을 통한 증자와 주주의 지분비율

서 배제되므로 신문공고나 청약통지가 따로 필요하지 않다.

어려운 내용이므로 위 표를 통해 개념 정도만 이해하고 넘어가자. C주주는 회사에 10억 원을 투자하면서 50%의 지분을 확보했는데 이 중에서 2억 원은 자본금으로 편입되고 나머지 8억 원은 자본잉여금으로 계상해서 주주의 몫으로 표시한다.

유상감자 vs 무상감자

정상적인 경우라면 증자는 자연스러운 일이다. 하지만 감자는 채권자나 투자자에게 좋은 신호가 아니기 때문에 특별한 경우가 아니면 잘 실행하지 않는다.

감자는 자본을 감소시키는 것이다. 주식을 병합하거나 소각하는 방법으로 주식 수를 줄인다. 감자는 크게 유상감자와 무상감자로 구분할 수 있는데 유상감자는 감자차익이 발생하지만 무상감자는 발생하지 않는 것이 차이점이다.

유상감자

유상증자를 하게 되면 감자차익이 발생한다. 만약 자본금 1억 원 (1만 원×10,000주)으로 설립한 회사가 몇 년 후 자본금 5,000만 원(1만 원×5,000주)으로 감자를 한다면 같은 비율로 이익잉여금의 50%를 주주에게 돌려주어야 한다. 자본계정의 잉여금은 주주의 몫이기 때문이다.

유상감자와 감자차익의 발생

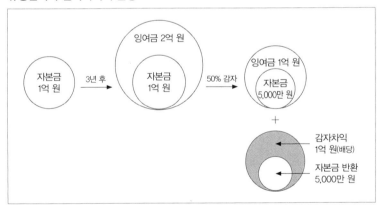

감자도 증자와 마찬가지로 각 주주의 지분대로 균등하게 감자할 수도 있고 아닐 수도 있다. 주식은 재산권이므로 주주의 의사에 따

라 참여할 수도 있고 안 할 수도 있기 때문이다. 다만 감자의 경우는
증자와는 달리 불균등하게 감자하더라도 부당행위가 발생할 염려가
없으므로 증여세 과세의 이슈가 발생하지는 않는다.

유상감자 – 특정 주주의 지분만 감자한 경우

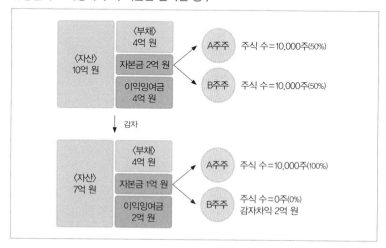

감자로 인해 발생한 감자차익에 대해서는 배당으로 의제하기 때
문에 배당소득세를 부담해야 한다. 주식의 소각 등으로 인해 주주
등이 취득하는 금전 기타 재산가액의 합계액에서 소각된 주식을 취
득하기 위해 소요된 금액을 뺀 나머지 금액에 대해 배당소득세와 지
방소득세를 합친 15.4%를 회사가 원천징수한 후 지급한다.

유상감자 – 모든 주주의 지분을 감자한 경우

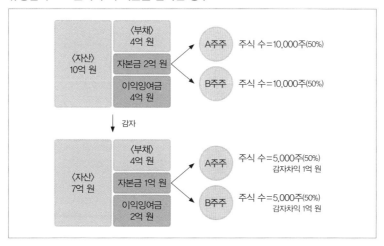

무상감자

유상감자와 달리 무상감자는 감자차익이 발생하지 않기 때문에 주주들에게 아무런 보상이 없다. 오히려 결정된 감자비율만큼 주식 수를 잃게 된다.

그럼 주주에게 이익이 발생하지도 않는 무상감자를 하는 이유는 무엇일까? 무상감자는 보통 기업이 누적된 적자 등으로 자본이 잠식된 경우 재무구조 개선을 위해 실시한다. 즉 주주의 자본금으로 손실을 메우는 것이다. 자본금을 줄이되 주주에게는 아무런 보상을 하지 않으므로 자산총액은 변하지 않는다는 점에서 형식적 감자라고 한다. 자본감소는 주주들에게 미치는 영향이 크므로 상법에서는 주주총회의 특별결의를 통해 시행하고 자본감소의 방법을 정하도록 규정하고 있다.

무상감자를 통한 자본잠식 해소

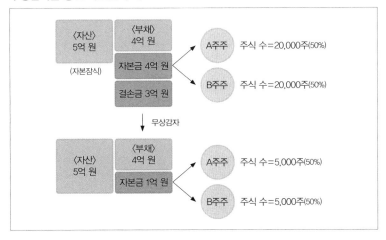

증여와 유상감자를 활용한 S.M.A.R.T. 전략

유상감자는 대부분 감자차익이 발생하기 때문에 주주에게 목돈이 필요한 경우에 실행할 수 있다. 하지만 배당을 하면 되는데 굳이 기업의 이미지에 좋지 않은 유상감자를 할 이유가 없기 때문에 현실적으로는 거의 실행하지 않는다.

다만 요즘은 대표의 가지급금이 과도한 경우나 가족에게 급하게 큰돈이 필요한 경우에 증여와 유상감자를 함께 활용해 절세하기도 한다. 법인의 자산을 개인의 자산으로 바꾸는 과정에는 모두 세금이 발생하는데 실무적으로 다음과 같이 증여와 자본거래의 조합을 통해 세부담을 없애거나 낮출 수 있다.

배우자 증여 후 유상감자를 통한 절세 전략

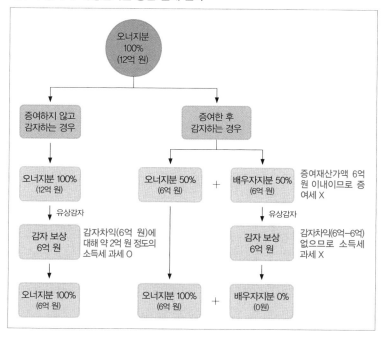

증여와 감자차익을 통해 절세를 하기 위해서는 다음과 같이 몇 가지 주의할 점을 점검한 후 실행해야 한다.

- 증여세는 합산과세 하므로 최근 10년 이내에 배우자에게 증여한 사실이 없어야 함
- 배우자의 감자금액만큼 자본총계가 감소하므로 이익잉여금이 충분해야 함
- 감자 후 자본총계가 감소하므로 부채비율 증가로 대출 등에 문제가 발생할 수 있음

- 감자로 인해 배우자가 지급 받은 돈을 오너의 가지급금 상환 등에 사용하면 재차 증여
- 세법규정에 따른 증여일, 감자를 위한 주총결의일을 고려해야 함
- 주식 가치평가는 반드시 세법상 평가로 해야 함

다년간의 경험에 비추어볼 때 중소기업이 큰 금액을 절세하기 위해서는 가족간에 화목이 우선되어야 한다. 임원과 주주를 가족으로 잘 구성하지 않으면 큰 금액의 절세는 불가능하기 때문이다. 리스크 관리에서는 가화만사성(家和萬事成)이 아니라 '가화절세성(家和折稅成)'이 최고의 교훈이다.

지분의 평가 ①

내 주식이 3년 만에 20배 넘게 올랐다고?

주주와 주가

임원 리스크의 핵심이 퇴직금이라면 주주 리스크는 지금부터 설명할 '지분평가'가 바로 하이라이트다. 임원의 퇴직금과 주주의 지분평가는 매우 밀접하게 연결되어 있어 어떻게 활용하느냐에 따라 상상 이상의 세금을 아낄 수 있다.

부동산, 자동차, 채권, 주식, 금, 영업권, 특허권 등은 자산이다. 자산은 거래를 하기 위해서 혹은 과세를 하기 위해서 가격을 정해야한다. 거래량이 많은 자산이라면 수요와 공급에 따라 시장가격이 쉽게 정해진다. 하지만 거래량이 많지 않은 자산, 이를테면 비상장주식이나 외딴 곳의 부동산 같은 경우는 가격을 매기기가 어렵다.

당신은 얼마 정도면 당신의 회사를 팔 수 있는가? 회사의 주식가격이 얼마인지 알고 있느냐는 질문인데 당신이 생각한 가격보다 더 비싸야 팔 것이다. 최소 50억 원 정도의 가치가 있다고 생각한다면 이보다 높은 가격을 부른 매수자에게 팔 것이다. 하지만 반대로 이

보다 현저히 낮은 가격을 제시한다면 당신은 팔지 않을 것이다.

무슨 의미인가? 가격은 일방적으로 정할 수 없고 같은 자산이라도 이해관계자에 따라 저마다 다른 가격을 생각한다는 뜻이다. 기업에 돈을 빌려주는 은행은 장부가치를 가장 중요하게 생각한다. 금융기관에게는 '원금 상환이 가능한가?'의 문제가 가장 중요하므로 기업의 가치를 보수적으로 평가할 수밖에 없다. 그래서 채권자는 매출과 당기순이익의 추이, 현금흐름, 부채비율 등을 가장 중요하게 생각하는 것이다.

투자자라면 미래가치를 중요하게 생각할 것이다. 당신의 회사에 투자하면 앞으로 얼마나 돈을 벌 수 있는지가 관심이기 때문이다. 그래서 투자자는 시장의 규모, 회사의 기술력, 경영자의 마인드, 자산의 구성 등을 중요하게 생각한다.

그럼 과세관청은 당신의 회사 주식의 가격을 어떻게 매길까? 가격을 정해야 과세를 할 수 있지 않겠는가. 결론부터 말하자면 세법이 과세를 하는 기준가격은 '시가'다. 세법은 시장가치로 자산을 평

가치를 보는 서로 다른 기준

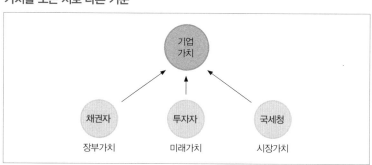

가하는 것이 원칙이다.

매년 주식의 가치를 평가해야 한다

비상장주식의 가격을 어떻게 측정하는지에 대해서 알아보기 전에 왜 당신의 회사 주식을 평가해봐야 하는지부터 알아야 한다. 반복해서 말하지만 오너의 올바른 의사결정을 위해서는 '어떻게'보다 '왜'를 아는 것이 더 중요하다.

주식은 언젠가 소유권이 바뀌거나 주주 간에 지분비율이 변동할 때가 온다. 이제껏 한 번도 그런 적이 없고 앞으로도 그럴 일이 없다고 말할 수 있겠지만 아니다. 최종적으로는 상속을 통해서라도 주식은 반드시 타인에게 이동한다.

주식의 가치를 평가해야 할 필요가 있는 자본거래는 다음 표와 같은 경우다.

비상장주식의 가치를 평가해서 적용해야 하는 경우

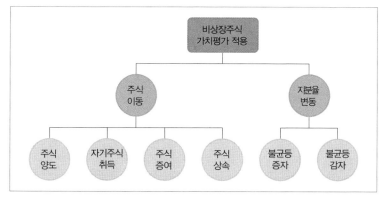

이러한 거래를 하기 전에는 반드시 세법의 기준에 맞게 주식의 가치를 평가해야 한다는 점을 유의하길 바란다. 그렇지 않으면 '부당행위계산의 부인' 규정이 적용되어 생각지도 못한 세금을 납부해야 할 수도 있다.

매년 3월 법인세 신고가 끝나면 자문하는 기업들의 주식 가치를 계산하고 리스크를 진단하느라 바쁜 시간을 보낸다. 왜 매년 주식 가치를 계산해봐야 하는 걸까? 그렇게 함으로써 얻는 이득에는 무엇이 있을까?

가장 큰 이유는 '절세'다. 중소기업은 설립하거나 운영하는 단계보다 출구 단계에서 훨씬 많은 세금이 발생한다. 특히 가업을 승계하려면 법인의 주식을 양도하거나 증여·상속해야 하는데 이때 발생하는 세금은 상상을 초월한다. 따라서 출구 전략을 잘 세우는 것을 최우선으로 삼아야 한다.

세금은 관심을 가지는 것만으로도 상당하게 줄일 수 있다. 해마다 장단기 세부담을 시뮬레이션 해보고 절세 전략을 세워 꾸준히 노력한다면 10% 이상의 세금을 아끼는 것도 그리 어려운 일은 아니다. 경험상 아무런 관심과 노력을 기울이지 않으면 출구 단계에서 30% 넘는 세금을 부담해야 하지만 매년 주식 가치를 평가하고 전략을 수립한 후 절세를 위해 꾸준히 노력하면 10% 정도의 세금으로 가업을 승계할 수도 있다. 이렇게 아낄 수 있는 세금이 적게는 몇천만 원부터 많게는 수억 원이 될 수도 있다.

은행이 대출금리를 1%만 낮춰줘도 엄청나게 고마운데, 10~20%의 세금을 아낄 수 있는 것에는 왜 관심을 갖지 않는가. 지금부터라

세법에서 재산의 가치를 평가하는 순서

도 관심을 가져야 한다. 세금 1억 원을 아끼는 것은 20~50억 원의 매출을 올리는 것보다 더 효율적이고 쉽다.

세법이 재산의 가치를 평가하는 원칙

주식을 포함한 각종 재산의 가치를 세법이 어떻게 평가하는지 알면 효과적인 절세 전략을 세울 수 있다. 세법에서 비상장주식의 평가는 '시가'로 하는 것이 원칙이다. 사실 비상장주식뿐만 아니라 세법에서 모든 재산의 가격을 평가하는 원칙은 '시가'다.

시가는 불특정 다수인 사이에 자유롭게 거래가 이루어지는 경우에 통상적으로 성립된다고 인정되는 가액을 말하고 매매가 되지 않은 재산의 경우에는 감정가액도 시가로 인정한다. 만약 매매가액도 없고 감정가액도 없다면 세법상 '보충적 평가 방법'에 따라야 한다.

바로 이 방법이 포인트다. 비상장법인의 주식은 시가를 잘 알 수 없고 감정평가를 받지도 않으므로 특수한 경우가 아니라면 실무적으로는 보충적 평가에 따른 가액을 시가로 보는 것이다.

복잡한가? 정리하면 세법은 재산을 평가할 때 '시가 평가'가 원칙이고 시가가 없는 경우에 세법이 정한 '보충적 방법'으로 평가한다는 정도만 알아두자.

기업의 가치를 평가하는 방법

부동산 담보대출을 받기 위해서는 감정평가를 받는다. 내가 소유한 부동산의 가치가 얼마인지 알아야 대출 가능한 금액을 알 수 있기 때문이다. 실무적으로는 정식 감정평가를 받기 전에 서류를 통해 대략적인 감정가격을 산출하는데 이를 탁상감정, 실무에서는 줄여서 '탁감'이라고 한다. 지금부터 설명하는 내용은 이 탁감 정도의 방법이라고 이해하면 된다. 세법상 비상장법인 주식의 가액을 평가하는 방법은 매우 어렵고 복잡하므로 원리만 이해해도 충분하다.

만약 당신이 갈비집을 인수한다면 그 식당의 가치를 어떻게 계산할까? 느낌만으로 인수 가격을 부르지는 않을 것이다. 먼저 매출과 이익이 얼마인지가 궁금할 것이므로 손익계산서를 살펴볼 것이다. 아마 최근 몇 년간 얼마나 이익이 발생했는지에 가장 관심이 갈 것이다. 이를 세법에서는 '순손익가치'라고 한다.

다음으로 갈비집의 토지와 건물, 식기와 비품 등의 자산이 얼마인지, 대출은 얼마나 있는지 살피기 위해 재무상태표를 검토할 것이다. 자산에서 부채를 뺀 나머지 순수한 자산가치를 계산할 텐데 이를 세법에서는 '순자산가치'라고 한다.

결국 갈비집의 가치는 영업을 잘했기 때문에 만들어진 순손익가치와 부동산 등 좋은 자산을 가지고 있어서 발생하는 순자산가치의 합으로 계산할 수 있다. 세법에서는 이 순손익가치와 순자산가치를 계산해 가중평균한다. 이때 순손익가치와 순자산가치 중 어디에 가

순손익가치와 순자산가치의 가중치

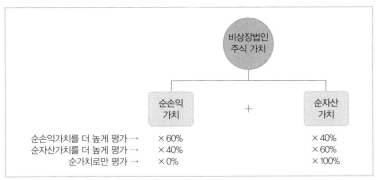

```
                              비상장법인
                              주식 가치


            순손익                              순자산
            가치            +                   가치

순손익가치를 더 높게 평가 →     ×60%             ×40%
순자산가치를 더 높게 평가 →     ×40%             ×60%
      순가치로만 평가 →        ×0%              ×100%
```

중치를 더 주느냐에 따라 세 가지 경우로 나눈다.

먼저는 순손익가치에 가중치를 더 주는 경우다. 상품이나 서비스를 사고파는 대부분의 회사가 여기에 해당한다. 그런데 영업활동을 열심히 하는 것보다 좋은 자산을 매입하는 것이 매출과 이익에 더 큰 영향을 준다고 판단되는 회사들이 있다. 예를 들면 부동산임대회사 같은 경우다. 입지 좋은 곳에 부동산이 있으면 별다른 노력이 없어도 매출과 이익은 거의 고정적으로 발생하기 때문이다.

그래서 세법에서는 위의 경우와 달리 부동산과다보유법인은 순손익가치와 순자산가치에 각각 40%와 60% 가중치를 주도록 하고 있다. 여기서 부동산과다보유법인이란 법인의 자산 중에 부동산 자산이 차지하는 비중이 50% 이상인 경우를 의미한다. 이는 법인의 이익에 기여하는 바가 더 높은 가치에 가중치를 주어 평가하기 위한 합리적인 평가방법이다.

마지막으로 순자산가치만으로 주식 가치를 평가하는 경우도 있는데 청산, 휴·폐업 등에 해당하는 경우다. 다음에 해당하는 기업은 정상적인 영업활동이 이루어지지 않으므로 수익력 측정이 무의미하다. 따라서 순자산가치 100%로만 주식 가치를 평가한다.

- 청산절차가 진행 중이거나 사업자의 사망 등으로 인해 사업의 계속이 곤란하다고 인정되는 법인
- 사업개시 전, 사업개시 후 3년 미만, 휴업·폐업 중인 법인
- 자산총액 중 부동산이 차지하는 비율이 80% 이상인 법인
- 자산총액 중 주식이 차지하는 비율이 80% 이상인 법인
- 법인의 설립 시 정관에 존속기한이 확정된 법인으로서 평가 기준일 현재 잔여 존속기한이 3년 이내인 법인

순손익가치를 평가하는 방법

이제 한 걸음 더 들어가서 순손익가치를 평가하는 방법을 이해해보자. 만약 3년간 당기순이익이 1억, 2억, 3억 원인 갈비집 A가 있고 3억, 2억, 1억 원인 갈비집 B가 있다면 당신은 어느 식당을 인수하겠는가? 물으나 마나 이익이 늘어나는 A를 인수하려 할 것이다. 두 식당이 산술적으로는 3년간 평균이익이 2억 원으로 같지만 전자는 이익이 증가하는 추세고 후자는 줄어드는 추세이기 때문이다.

순손익가치를 계산할 때 이것을 어떻게 반영할 수 있을까? 바로 연도별로 가중치를 다르게 주어 평균값을 내는 것이다. 그래서 세법에서는 순손익가치를 계산할 때 다음 페이지 표와 같이 가중평균을 하도록 하고 있다.

이 방법으로 갈비집 A와 B의 순손익가치를 계산해보면 다음과

순손익가치의 계산

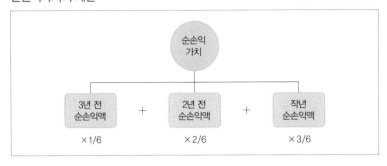

가중평균으로 계산한 순손익가치

가게	순손익가치	계산 방법
갈비집 A	2억 3,000만 원	1억×1/6+2억×2/6+3억×3/6
갈비집 B	1억 7,000만 원	3억×1/6+2억×2/6+1억×3/6

같이 갈비집 A의 순손익가치가 더 크다는 것을 알 수 있다. 물론 비상장법인의 주식가액을 평가할 때 계산하는 주당순손익가치는 여기에 순손익가치 환원율을 나누어 주어야 한다. 순손익가치환원율은 금융기관이 보증한 3년 만기 회사채의 유통수익률을 감안해 기획재정부장관이 정해 고시하는데 현재는 10%다. 순손익가치환원율은 일명 자본환원율이라고도 하는 것으로 이익을 10%로 나누어 현재시점의 자기자본이 얼마인지 환산해 주식 가치에 반영하고자 하는 것이다. 이해가 어렵다면 최근 3년간의 순손익액의 가중평균액에 10을 곱해서 계산한다는 것 정도만 알아 두자.

실제로 기업가치를 세법에 맞게 정확히 계산하기 위해서는 각 사업연도소득금액에 가산할 항목과 차감할 항목을 더하고 빼주어야 한다. 하지만 비상장주식 가치평가를 탁감 수준으로 예상할 때는 이를 반영하지 않아도 어느 정도 비슷한 값을 얻을 수 있다. 매년 기업가치를 계산해보고 지속적으로 관리하는 것이 정확한 계산을 하는 것보다 더 중요하다.

순자산가치를 평가하는 방법

순손익가치를 계산했으니 이제 순자산가치를 계산해보도록 하자. 순자산가치는 인수하려는 갈비집의 장부상 순자산이 얼마인지 알아보는 과정이다. 순자산가치는 자기자본과 영업권 평가액의 합이다.

자기자본은 장부에 표시되기 때문에 계산하기가 쉽다. 평가기준일 현재 자산에서 부채를 빼면 순자산, 즉 자기자본이 남는다. 이렇게 상시적으로 가치를 계산할 수 있는 자산도 있지만 남에게 팔 때에만 가치를 인정받을 수 있는 자산도 있다. 바로 영업권이다. 세법의 영업권평가액은 쉽게 말해 권리금으로 이해하면 된다. 장사가 잘되는 가게일수록 권리금이 높듯이 영업권평가액도 사업을 잘하는 기업일수록 높아진다. 하지만 실무적으로는 대게 세법상 영업권이 없거나 적은 금액이기 때문에 이 책에서는 별도로 설명하지 않는다.

사실 비상장법인 주식의 가액을 정확히 평가할 때는 순손익가치보다 순자산가치의 계산이 더 복잡하다. 순손익가치는 최근 3년간의 세무조정계산서가 있으며 계산이 가능하지만 순자산가치는 평가기준일 현재의 유형자산과 무형자산, 부채의 가액을 「상속세 및 증여세법」에 근거해 모두 평가해야 하기 때문이다. 이를 위해서는 결산작업을 통해 평가기준일 현재의 재무제표를 만들어야 하므로 별도의 비용이 발생한다. 특히 부동산과 같은 유형자산, 특허 등과 같은 무형자산을 많이 보유한 법인의 순자산가치는 감정평가를 받지 않는 이상 정확한 평가액을 알기 어렵다.

세법이 영업권을 평가하는 방식은 복잡해 보이지만 논리는 간단하다. 초과이익금액은 비슷한 조건의 다른 회사보다 더 많은 이익을 내는 경우에 발생한다. 주변의 가게보다 장사가 잘 되는 가게는 권리금도 더 높지 않겠는가. 향후 5년간 발생할 초과이익금액을 현재가치로 환산하기 위해 이자율 10%의 5년 연금현가계수를 곱한다.

순자산가치의 계산

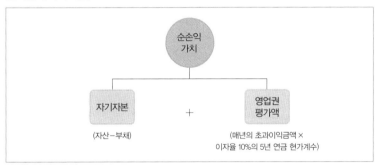

주식 가치 계산 프로세스

이제껏 설명한 내용이 많이 복잡하게 들릴 것이다. 이를 한눈에 볼 수 있도록 대략적인 프로세스를 정리해보면 다음 페이지 도표와 같다.

마지막으로 설명해야 할 내용이 있는데 2017년부터는 Ⓐ 혹은 Ⓑ 를 통해 계산된 주식의 가액이 1주당 순자산가치에 100분의 80을

비상장법인의 주식 가치평가 프로세스

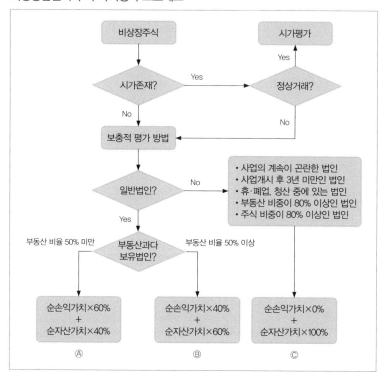

곱한 금액보다 낮은 경우에는 1주당 순자산가치에 100분의 80을 곱한 금액을 비상장주식 등의 가액으로 하는 것으로 세법이 개정되었다. 이해하기 쉽도록 예를 들면 다음 페이지 도표와 같다.

이렇게 바뀐 이유는 임원의 퇴직금 정산 등으로 주식 가치를 조절한 후 자본거래를 하는 것이 중소기업의 절세 아이템으로 지난 10여 년간 많은 인기를 끌었기 때문이다. 중소기업의 오너가 알기는 어려운 자본거래를 통해 절세하는 케이스가 늘어나자 과세관청은 이를 눈여겨보게 되었고 세법개정을 통해 과도한 절세를 원천봉쇄한 것

주식 가치 계산 방법의 개정

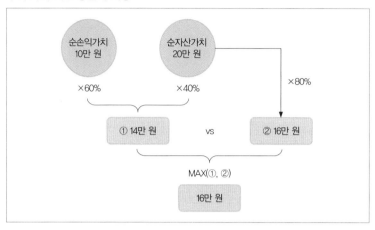

이다.

이제 앞에서 설명한 내용을 참고해 비상장주식의 가치를 실제로 평가해보도록 하자. 아래의 표를 순서대로 작성해보면 국세청이 평가하는 당신 회사의 주식 가치를 대략적으로 알 수 있다. 다음 페이지 예시를 참고해 회사의 주식 가치를 계산해 보라. 매년 꼭 한 번씩 평가해보고 작년과 비교해서 어떻게 변경되었는지 눈으로 확인할 것을 추천한다. 액면가의 20~30배 이상으로 커진 당신 회사의 주식 가치가 놀라울 것이다.

비상장주식 가치의 계산

순서	구분	계산 방법	예시	계산
기업 현황	① 발행주식 수	현재 당사의 총발행주식 수	10,000주	
	② 주식 액면가액	등기부등본상의 1주의 금액	5,000원	
	③ 작년 주당순손익액	작년말 당기순손익 ÷ ①	20,000원	
	④ 2년 전 주당순손익액	재작년말 당기순손익 ÷ ①	15,000원	
	⑤ 3년 전 주당순손익액	재재작년말 당기순손익 ÷ ①	0원	
	⑥ 자산	작년말 법인의 자산총액	10억 원	
	⑦ 부동산 보유 비율	작년말 법인의 부동산총액 / 자산총액	0%	
	⑧ 자기자본	작년말 법인의 자본총액	4억 원	
순손익 가치 계산	⑨ 가중평균순손익액	(③ × 3 + ④ × 2 + ⑤ × 1) ÷ 6	15,000원	
	⑩ 1주당 순손익가치	⑨ ÷ 10%	15만 원	
순자산 가치 계산	⑪ 초과이익금액	(⑨ × ① × 50%) − (⑧ × 10%)	3,500만 원	
	⑫ 영업권평가액	⑪ × 3.7908	132,678,000원	
	⑬ 순자산가액	⑧ + ⑫	532,678,000원	
	⑭ 1주당 순자산가치	⑬ / ①	53,268원	
비상장 주식 가치 계산	⑮ 순손익가중치	⑦이 80%이상=0, 50% 이상=2, 50% 미만=3	3	
	⑯ 순자산가중치	⑦이 80%이상=5, 50% 이상=3, 50% 미만=2	2	
	⑰ (비교)주당가치	(⑩ × ⑮ + ⑭ × ⑯) / 5	111,307원	
	⑱ (비교)순자산가치	⑭ × 80%	42,614원	
	⑲ 비상장주식가액	MAX(⑰, ⑱)	111,307원	

* ③, ④, ⑤, ⑨는 '0'보다 작으면 (−)로 계산함.
** ⑩, ⑪, ⑫, ⑬은 '0'보다 작으면 '0'으로 계산함.

지분의 평가②

손실을 이익으로 바꾸는 필살기

주가와 세금

왜 주식 가치를 매년 계산해봐야 할까? 한 번도 사고팔아 본 적이 없고 앞으로도 그럴 계획이 없는데 주식의 가치를 평가하는 방법을 굳이 왜 알아야 할까? 이제껏 그런 것 몰라도 사업하는데 전혀 문제가 없었는데 말이다. 그 이유는 중소기업의 오너에게 가장 큰 세부담이 바로 지분평가와 관련된 세금이기 때문이다.

예를 들어보자. 창업한 지 3년이 지난 A기업과 B기업은 다음 페이지 상단 표와 같이 작년 말 현재 당기순이익과 이에 따른 자본총액만 다르고 나머지 모든 조건은 같다. 앞에서 설명한 방법으로 두 기업의 비상장주식의 가치를 약식으로 평가해보면 다음 페이지 하단 표 내용과 같다.

모든 조건이 같고 최종연도 순손익만 다른 두 기업의 주식 가치가 약 2.3배 정도 차이가 난다. A기업은 주당 63,148원으로 액면가 5,000원에 비해 약 12.6배 상승했다. 이에 따른 A기업의 총 주식 가

A기업과 B기업의 현황

A기업 vs B기업

A기업
- 액면가: 5,000원
- 발행주식 수: 20,000주
- 설립자본금: 1억 원
- 3년 전 당기순손익: 1억 원
- 2년 전 당기순손익: 1억 5,000만 원
- 작년 당기순손익: 2억 원
- 작년말 자본총액: 5억 5,000만 원

B기업
- 액면가: 5,000원
- 발행주식 수: 20,000주
- 설립자본금: 1억 원
- 3년 전 당기순손익: 1억 원
- 2년 전 당기순손익: 1억 5,000만 원
- 작년 당기순손익: 0원
- 작년말 자본총액: 3억 5,000만 원

A기업과 B기업의 비상장주식 가치 (약식평가)

(단위: 원)

구분	A기업	B기업
① 발행주식 수	20,000주	20,000주
② 주식 액면가액	5,000	5,000
③ 작년 주당순손익액	10,000	0
④ 2년 전 주당순손익액	7,500	7,500
⑤ 3년전 주당순손익액	5,000	5,000
⑥ 자산	550,000,000	350,000,000
⑦ 부동산 보유 비율	0%	0%
⑧ 자기자본	550,000,000	350,000,000
⑨ 가중평균순손익액	8,333	3,333
⑩ 1주당 순손익가치	83,333	33,333
⑪ 초과이익금액	28,333,333	−1,666,667
⑫ 영업권평가액	107,406,000	0
⑬ 순자산가액	657,406,000	350,000,000
⑭ 1주당 순자산가치	32,870	17,500
⑮ 순손익가중치	3배	3배
⑯ 순자산가중치	2배	2배
⑰ (비교)주당가치	63,148	27,000
⑱ (비교)순자산가치	29,296	14,000
⑲ 비상장주식가액	63,148	27,000
⑳ 기업가치(총 주식 가치)	1,262,960,000	540,000,000

치는 12억 원이 넘는다. 1억 원을 투자해서 3년간 사업한 A기업의 오너는 자본금을 12배 정도로 불린 것이다. 어마어마한 수익률이다.

B기업은 주당 27,000원으로 총 주식 가치는 5억이 조금 넘는다. 여기서 주목해야 할 포인트는 당기순손익 2억 원의 차이가 기업가치에서는 7억 원 가량의 차이를 만들어 낸다는 사실이다.

사고팔지도 않을 내 주식에 가격을 매기는 것이 무슨 의미가 있느냐고 물을 수도 있다. 하지만 이 63,148원과 27,000원이라는 주식 가치 때문에 수억 원의 세금차이가 발생하게 된다는 것이 중요하다. 한 가지 더 가정해서, 만약 A기업과 B기업의 오너가 사망하게 되면 얼마의 세금이 발생하게 될까? 그림으로 정리하면 다음과 같다.

비상장주식의 가치 차이에 따른 상속세 부담

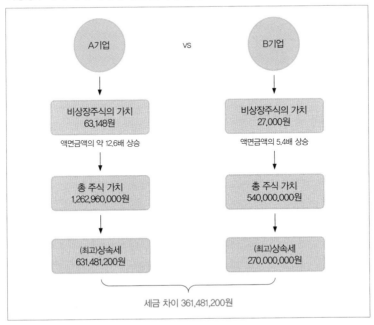

오너의 사망으로 인해 부과되는 상속세는 가족구성과 재산 상태, 사전증여 여부 등 조건에 따라 다르다. 하지만 나머지 조건이 모두 같다고 가정하고 최고세율을 가정하면 두 오너의 가족이 내야 할 상속세는 약 3억 원이 넘게 차이가 날 수 있다.

군이 상속이라는 극단적인 상황을 고려하지 않고 사전에 지분 전체를 자녀에게 증여한다고 가정하더라도 A기업과 B기업은 상당한 세금 차이가 발생한다. A기업의 경우 오너 지분 100%를 자녀에게 증여한다면 약 3억 1,000만 원 정도의 증여세를 납부해야 한다. B기업의 경우는 약 8,000만 원 정도의 증여세를 부담해야 한다. A기업의 수증자는 B기업의 수증자에 비해 약 2억 3,000만 원 정도의 증여세를 더 부담해야 하는 것이다.

지금까지 설명한 주식 가치와 세금에 대한 관계를 잘 이해하게 되면 법인의 손익거래에서 난 손실을 주주의 자본거래를 통해 이익으로 바꿀 수 있다는 사실을 알 수 있다. 그래서 당신이 리스크와 경영 관리에 눈을 떠야 하는 것이다. 하지만 중소기업의 오너들은 매출에 올인하느라 관리를 통해 이익을 만드는 방법에 무심하고 무지하다. 매출이 떨어지면 대출에 문제가 생기고 그렇게 되면 사업을 지속하기가 힘든 것이 현실이기 때문에 이해하지 못할 바는 아니다. 하지만 2억 원의 세금을 내기 위해서는 50억~100억 원의 매출을 올려야 하는데 그것보다는 세금을 줄이는 편이 훨씬 쉽다.

주가의 조절

지금까지 주주의 지분가치 평가 때문에 발생하는 리스크에 대해 알아봤다. 최대한 쉽게 설명하려고 했지만 낯설고 어려울 것이다. S.M.A.R.T. 관점에서는 향후 가장 많은 세금이 발생할 수 있는 분야이므로 꼭 이해할 필요가 있다. 공부에 대한 대가로 몇억 원을 아낄 수 있다면 해볼 만하지 않을까? 내용을 다시 한번 요약하겠다.

- 양도, 증여 등 주식을 이동하거나 지분율에 변동이 생기는 증자와 감자를 하기 전, 반드시 주식의 가격을 계산해봐야 한다.
- 세법에서 주식의 가격은 시가 〉 감정가 〉 보충적 방법의 순으로 평가하는데 비상장주식의 경우는 대부분 보충적 방법으로 평가한다.
- 보충적 방법은 순자산가치와 순손익가치의 가중평균으로 주식의 가액을 산정한다.
- 이렇게 평가한 주식의 가격이 높다면 자본거래시 세금이 많이 발생한다.

법인은 출구 단계, 즉 지분을 승계할 때 가장 큰 세부담이 발생하기 때문에 매년 내가 운영하는 기업의 주식 가치를 평가하고 절세를 위해 장기적으로 준비해야 한다. 그럼 당신의 주식을 배우자에게 나누어 주고 자녀에게 물려줄 때 어떻게 하면 세금을 절약할 수 있을까? 원리는 간단하다. 주식의 가치가 높을 때가 아니라 낮아졌을 때 적극적으로 주식을 이동하는 것이다. 재산을 남에게 팔 때는 최대한 높은 가격에 팔아야 하지만 가족에게 물려줄 때는 최대한 낮은 가격으로 증여해야 하는 것이 당연하다.

주식 가치 계산의 변수와 가치조절

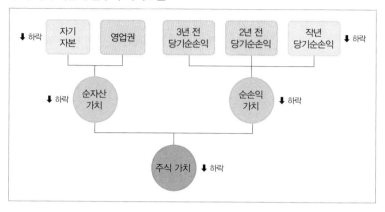

그럼 어떻게 하면 내 주식의 가치를 낮출 수 있을까? 이것이 핵심인데 세법이 비상장주식의 가치를 평가하는 방법을 잘 활용하면 된다. 비상장주식의 가치는 순자산가치와 순손익가치의 가중평균으로 계산하므로 주식의 가액을 낮추려면 순자산가치와 순손익가치를 낮추는 방법을 알면 되는 것이다.

순자산가치에 영향을 주는 것은 평가일 현재의 자기자본과 영업권이다. 순손익가치에 영향을 미치는 것은 평가일 기준으로 직전 3년간의 당기순손익이다.

주식 가치를 낮추려면 순자산가치와 순손익가치를 낮추어야 하는데 하위변수 다섯 가지 중에 조절이 가능한 것은 자기자본과 최종연도 당기순손익 뿐이다. 영업권은 자기자본과 당기순손익에 따라 바뀌는 종속변수이므로 조정할 수 없다. 3년간의 당기순손익 중에는 최종연도(올해) 당기순손익만 조절이 가능하다.

결국 재무상태표의 자본항목과 손익계산서의 당기순손익을 줄이면 순자산가치와 순손익가치가 하락하게 되고 그 결과로 주식 가치도 하락하게 되는 것이 기본적인 아이디어다.

순자산가치를 조절하는 법

순자산가치는 자기자본과 영업권의 합으로 계산한다. 따라서 순자산가치를 줄이기 위해서는 자기자본을 줄여야 한다. 재무상태표의 부채는 타인자본으로 채권자의 몫이며 자본은 자기자본으로 주주의 몫을 의미하는데 주주가 자기자본을 가져가기 위한 유일한 통로는 '배당'이다. 즉 자기자본을 줄이기 위해서는 배당을 해야 하는 것이다.

배당을 하게 되면 주가가 얼마나 바뀌고 이에 따른 세금효과는 어떨지 예를 들어 계산해보자. 배당으로 인한 주식 가치의 하락 효과만을 살펴보기 위해서 당기순이익 등 모든 조건은 동일하다고 가정하고 계산해보면 다음 페이지 도표와 같다.

자본금이 1억 원(액면가 5,000원 × 20,000주)인 기업의 3년간 당기순이익이 1억 원이고 자본총액이 4억 원이라면 약식으로 평가한 비상장법인의 주식가격은 38,758원이다. 만약 당해연도에 2억 원을 배당한다면 자본총액은 2억 원으로 줄어들고 주식 가치는 36,274원으로 낮아지게 된다.

주식 가치의 하락효과가 극적으로 크지는 않다. 이는 순자산가치에 40%의 가중치를 주어서 계산한 탓도 있지만 일반적인 기업의 경우 배당을 통한 순자산가치의 조절만으로는 주식 가치를 극적으로 낮출 수 없다는 사실을 보여준다. 참고로 부동산 비율이 50%를 넘는

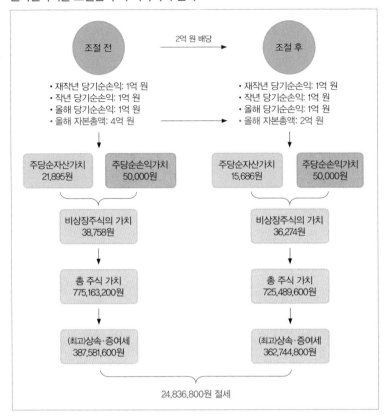

순자산가치를 조절한 후 주식가격의 변화

2억 원 배당

조절 전 → 조절 후

조절 전
- 재작년 당기순손익: 1억 원
- 작년 당기순손익: 1억 원
- 올해 당기순손익: 1억 원
- 올해 자본총액: 4억 원

조절 후
- 재작년 당기순손익: 1억 원
- 작년 당기순손익: 1억 원
- 올해 당기순손익: 1억 원
- 올해 자본총액: 2억 원

주당순자산가치
21,895원

주당순손익가치
50,000원

주당순자산가치
15,686원

주당순손익가치
50,000원

비상장주식의 가치
38,758원

비상장주식의 가치
36,274원

총 주식 가치
775,163,200원

총 주식 가치
725,489,600원

(최고)상속·증여세
387,581,600원

(최고)상속·증여세
362,744,800원

24,836,800원 절세

기업의 경우 순자산가치에 60% 가중치를 주어서 계산해야 하는데 이런 가정으로 동일하게 계산해보면 주가가 29,412원으로 하락한다.

순손익가치를 조절하는 법

이번에는 순손익가치를 낮추어서 주가를 조절해보겠다. 순손익가치는 3년간 당기순손익의 가중평균으로 계산한다. 가중치는 시간

순손익가치를 조절한 후 주식가격의 변화

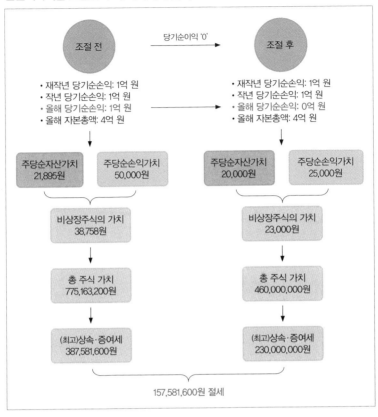

의 역순으로 3, 2, 1의 가중치를 주는데 최종연도에 가장 높은 가중치를 주도록 되어 있기 때문에 올해 당기순손익의 증감에 따라 내년 주식 가치는 크게 변동된다.

역시 이해하기 쉽도록 모든 조건이 동일하고 최종연도에 당기순손익이 0인 경우를 가정해서 계산해보면 위 도표와 같다. 최종연도에 이익이 나지 않았을 뿐인데 주식가격은 38,758원에서 23,000원으로 하락한다. 회사의 주식 가치가 약 40% 넘게 절하되면서 이에 따른 상속·증여세의 절세 효과도 약 1억 5,000만 원이 넘는 결과를 보여준다.

이 원리를 잘 이해하면 법인이 이익이 나지 않았더라도 절세를 통해 또 다른 이익을 만들 수 있음을 알 수 있다. 당신이 오너라면 이런 자본거래에 눈을 떠야 법인 사업을 하는 효과를 극대화할 수 있고 장기적으로 큰 세금을 절약할 수 있게 되는 것이다.

순자산가치와 순손익가치를 모두 조절하는 법

그럼 순자산가치와 순손익가치를 모두 낮출 수 있다면 주식가격은 어떻게 변할까? 대충 짐작해도 큰 폭으로 조절할 수 있을 거라는 생각이 들지 않는가? 아마 그에 따른 절세 효과도 굉장할 것이다.

순자산가치와 순손익가치를 모두 낮출 수 있는 가장 좋은 방법은 임원의 퇴직금을 지급하는 것이다. 이미 '임원퇴직금' 편에서도 설명했지만 임원퇴직금은 그 자체로 세금이 가장 싼 소득이고 가업승계 시 가장 중요한 절세 도구다. 일반적으로 임원의 퇴직금을 지급하면 당기순손익 뿐만 아니라 자기자본도 줄어들어 순손익가치와 순자산가치를 동시에 낮출 수 있다. 물론 임원의 퇴직금이 적은 경우에는 이런 효과를 볼 수 없으므로 평소 임원의 급여를 정할 때 퇴직금을 통한 절세 효과를 염두에 두고 충분한 수준으로 높일 필요가 있다.

앞서 살펴본 경우와 같이 모든 조건이 동일하고 임원의 퇴직금을 2억 원 지급했다고 가정해 주식 가치를 계산해보자. 퇴직금 2억 원을 지급한 후 비용처리를 하면 당기순이익 1억 원은 당기순손실 1억 원

순자산가치와 순손익가치를 모두 조절한 후 주식가격의 변화

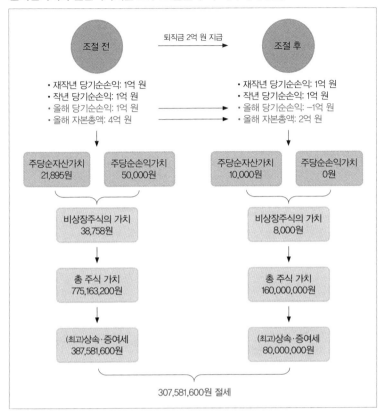

으로 바뀌게 된다. 퇴직금은 2억 원을 지급해야 하므로 부족한 1억
원은 자기자본의 이익잉여금에서 차감하기 때문이다. 따라서 자본
총액이 4억 원에서 2억 원으로 줄어들게 되는 것이다. 이 조건으로
계산한 주당순자산가치는 21,895원에서 10,000원으로 하락하고 주
당순손익가치는 50,000원에서 0원으로 하락하게 된다. 주당순자산
가치에 가중치 40%, 주당순손익가치에 가중치 60%를 주어 계산한

주식 가치는 4,000원이다. 하지만 주당순자산가치에 80%를 곱한 금액과 비교해 둘 중 큰 가액을 주식 가치로 정하도록 하고 있기 때문에 8,000원이 해당 기업의 주식 가치가 되는 것이다.

단지 임원의 퇴직금 2억 원을 지급했을 뿐인데 주식가격은 38,758원에서 8,000원으로 떨어지고 기업가치는 약 7억 7,000만 원에서 1억 6,000만 원으로 하락한 것이다. 이에 따른 최고 상속·증여세의 차액은 무려 3억 원이 넘는다.

다시 한번 강조하지만 매년 대략이라도 회사의 주식 가치를 계산해보고 부담해야 하는 세금을 예상해봐야 한다. 그리고 이를 낮추기 위한 절세 전략을 세워 꾸준히 노력해야 한다. 승계단계에서 발생할 수 있는 큰 세금을 아끼지 못하면 소득세와 법인세 몇 푼 아끼는 것이 큰 의미가 없을 수 있기 때문이다. 비상장주식의 가치평가는 손실을 이익으로 바꾸는 필살기다.

지분의 이동

주식, 줄 것인가? 팔 것인가?

지분이동과 부당행위

상품과 서비스, 자산의 가격은 시장에서 사고파는 당사자 간에 자율적으로 정하는 것이 원칙이다. 특별한 경우를 제외하고는 말이다. 주식도 자산이므로 매수자와 매도자 사이에 합의된 가격이 있다면 자유롭게 사고팔 수 있다. 이 역시 특별한 경우를 제외하고는 말이다. 그럼 여기서 말하는 '특별한 경우'는 어떤 경우일까? 바로 '특수관계인 간의 거래'를 말한다.

예를 들어 보자. 당신에게 현재 시가 5억 원인 부동산이 있다. 이것을 전혀 모르는 제3자에게 매입가인 3억 원에 팔았다면 법적으로 문제가 될까? 그렇지 않다. 하지만 같은 가격으로 자녀에게 부동산을 팔았다면 어떨까? 계약서도 쓰고 계약금, 중도금, 잔금까지 모두 통장으로 송금했다 하더라도 과세관청은 이를 인정하지 않을 것이다. 시가 5억 원에서 매매가 3억 원을 뺀 나머지 2억 원에 대해서는 양도가 아닌 증여로 볼 것이다. 이를 세법에서는 좀 어려운 말로 '부

특수관계인 간의 거래시 부당행위계산의 부인

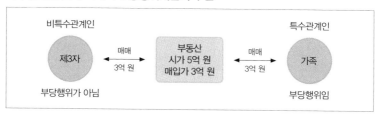

당행위계산의 부인' 규정이라고 한다.

　'부당행위계산의 부인'이란 특수관계에 있는 자와의 거래에 있어 정상적인 경제인의 합리적인 방법에 의하지 않고 조세부담을 부당하게 회피하거나 경감시켰다고 인정되는 경우에 과세권자가 이를 부인하고 법령에 정하는 방법에 의해 객관적이고 타당하다고 보이는 소득이 있는 것으로 의제하는 제도를 말한다. 부당행위계산의 부인은 과세의 공평을 기하고 조세회피행위를 방지하는 것이 목적이지만 부당행위계산의 부인에 해당하는 경우에도 사법상 거래가 무효가 되는 것은 아니며, 조세처벌법에 따라 조세포탈범으로 처벌되는 것도 아니다.

　부당행위계산의 부인은 소득세법, 법인세법, 상속세 및 증여세법에 매우 폭넓게 규정되어 있고 내용이 복잡하므로 여기서 다 다룰 수는 없지만 다음의 두 가지 경우라면 해당 될 가능성이 매우 높다고 기억하면 된다.

• 특수관계에 있는 자와의 거래인 경우
• 시가보다 지나치게 높거나 낮은 거래인 경우

대체로 이 두 가지 조건을 모두 갖추어야 세법상 부당행위로 간주되지만 비상장주식을 매매하는 경우는 비특수관계인 간의 거래라 하더라도 시가보다 지나치게 낮거나 높은 가격으로 매매하는 것은 부당행위계산의 부인 규정에 해당될 수 있으므로 주의해야 한다.

주식은 거래를 통해 이동하는데 대가를 주고받으면 유상거래, 주고받지 않으면 무상거래다. 유상거래는 주주 간에 사고파는 양수도 거래와 주식을 발행한 법인이 주주의 지분을 되사는 자기주식취득으로 구분할 수 있다. 무상거래는 살아 있을 때 지분을 주는 증여와 사망을 원인으로 지분이 이전되는 상속으로 구분할 수 있다. 따라서 지분이 이동하는 경로는 다음과 같이 네 가지다.

지분이동의 경로

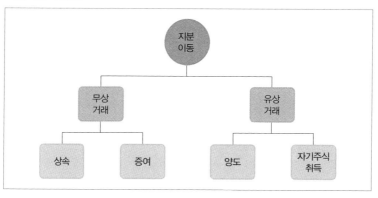

주주 간에 이루어지는 지분의 양도는 특수관계인 간의 매매와 비특수관계인 간의 매매가 모두 가능하다. 가족에게 양도할 수도 있지만 제3자에게 양도할 수도 있기 때문이다. 특수관계인 간 지분을 거래하는 경우에 당연히 세법상의 평가액으로 양도해야 리스크가 없다. 비특수관계인 간의 매매라 하더라도 세법에서 정한 금액보다 지나치게 높거나 낮은 가격으로 거래를 하면 부당행위에 해당될 수 있다. 매매의 경우에는 특수관계인인지 아닌지 여부에 따라 부당행위 금액이 다르므로 이를 유의해 지분이동 전략을 세워야 한다.

지분이동의 네 가지 경로 중에서 '상속'은 출구 전략을 다루는 다음 장에서 자세히 살피기로 하고 지금부터는 주식을 증여하는 경우와 양도하는 경우에 대해서 좀 더 자세하게 설명하기로 한다.

지분의 증여

증여와 상속의 공통점은 무상거래라는 점과 적용되는 세율이 같다는 것이다. 흔히들 상속세와 증여세는 세율이 다른 것으로 알고 있지만 아니다. 아래 표와 같이 구간에 따라 10~50%의 명목세율을 동일하게 적용한다.

상속세와 증여세의 차이는 공제되는 항목과 세금의 귀속처가 다르다는 것이다. 이런 이유로 같은 금액이라도 상속과 증여는 납부하는 세금이 달라진다. 예를 들어보자. 오너가 보유한 비상장주식을 자녀 2명에게 줄 때 상속과 증여의 경우 세금이 어떻게 차이가 나는

상속세 및 증여세의 세율

구분	세율	누진공제액
1억 원 이하	10%	–
1억 원 초과 ~ 5억 원 이하	20%	1,000만 원
5억 원 초과 ~ 10억 원 이하	30%	6,000만 원
10억 원 초과 ~ 30억 원 이하	40%	1억 6,000만 원
30억 원 초과	50%	4억 6,000만 원

상속세와 증여세의 차이

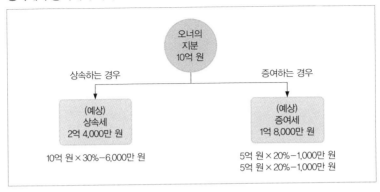

지 계산해보면 위 그림과 같다. 상속세와 증여세의 계산방식을 이해할 수 있도록 공제는 아무것도 반영하지 않았다.

상속은 몇 명이 상속받는지와 상관없이 상속재산 전체에 대해서 세금을 과세한다. 즉 상속재산 10억 원을 한 덩어리로 계산하는 것이다. 하지만 증여는 받은 금액을 기준으로 세금을 계산한다. 자녀 2명에게 각각 5억 원씩 증여를 하는 것이므로 증여세도 각자 계산을 해서 납부하는 것이다. 이렇게 상속과 증여는 적용하는 세율이 같지만 세금의 귀속처가 다르기 때문에 위와 같이 약 6,000만 원의 세금 차이가 발생한다.

그렇다고 모든 경우에 증여세가 더 싼 것은 아니다. 상속세는 증여세보다 공제항목이 많고 금액도 크기 때문에 대체적으로 증여보다 상속이 더 유리한 경우가 많다. 케이스마다 전부 다르므로 구체적인 것은 직접 계산을 해보아야 정확하게 알 수 있다.

오너의 지분을 증여하는 것은 단순히 재산권을 넘겨주려는 것이 아니라 가업을 승계하는 작업일 가능성이 높다. 그렇기에 여러 자녀에게 골고루 지분을 증여하지 않고 가업승계 후보 1인에게 지분을 전부 이전한다. 이 경우 절세를 위한 가장 기본적이고 유일한 전략인 '분산'을 활용할 수 없기 때문에 막대한 세부담이 발생할 수 있다.

그럼 지분 증여에 대한 세부담을 줄일 수 있는 방법은 무엇일까? 크게 보면 다음의 세 가지 정도의 전략이 있다.

- 10년마다 나누어서 증여하라.
- 증여하기 전에 기업가치를 조절하라.
- 가업승계 지원제도 중에서 증여세 과세특례를 활용하라.

지분의 양도

당신이 운영하는 기업의 주식을 팔아본 적이 있는가? 현실적으로 중소기업의 주식을 사고팔 일은 거의 없다. 따라서 지분의 양도에 따른 리스크는 세세하게 다루지 않고 부당행위계산의 부인과 관련된 문제 정도만 설명하도록 하겠다. 주식의 양도 시 세율은 다음 표와 같다.

비상장주식의 양도차익에 대한 소득세율

구분		세율
중소기업 주식	소액주주	10%
	대주주(4% 또는 10억 원 이상)	20%(3억 초과 25%)
중소기업 이외 주식	소액주주 주식 전부	20%
	대주주 1년 이상 보유주식	20%(3억 초과 25%)
	대주주 1년 미만 보유주식	30%

비상장주식을 매매할 때는 거래당사자에 따라 여덟 가지 경우의 수가 발생한다. 특수관계 여부에 따라 부당행위계산의 부인 규정이 다르고 개인과 법인이 납부하는 세금이 다르기 때문에 이를 구분할 필요가 있다. 여기에 고가 양도하는 경우와 저가 양도하는 경우를 고려하면 열여섯 가지 경우의 수가 발생하지만 비상장주식을 고가로 양도하는 경우는 실무적으로 거의 없다. 따라서 '개인 vs 특수관계자 개인', '개인 vs 비특수관계자 개인'의 '저가 양도'로 인한 부당행위계산의 부인의 문제만을 다루도록 하겠다.

거래 당사자에 따른 주식거래 경우의 수

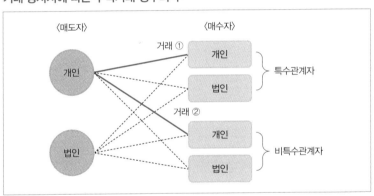

거래 1: 개인이 특수관계자인 개인에게 저가로 양도한 경우

비상장주식을 매매할 때 시가보다 저가로 양도하면 매도자에게는 양도소득세의 문제가 발생하고 매수자에게는 증여세의 문제가 발생한다. 부동산 거래를 예로 들면 이해가 쉽다. 만약 아버지가 시가 10억 원(매입가 5억 원)의 건물을 자녀에게 5억 원에 양도했다면 아

양도와 증여의 부당행위계산의 부인

버지는 양도차익 5억 원이 없으므로 양도소득세가 발생하지 않는다. 동시에 자녀는 10억 원짜리 부동산을 5억 원에 사게 되어 나머지 5억 원에 해당하는 증여세를 아끼게 된다. 따라서 세법에서는 이런 경우에 부당행위계산의 부인 규정을 적용해 저가 매도자에게는 양도소득세를 부과하고 저가 매수자에게는 증여세를 부과한다.

특수관계자간 비상장주식을 시가보다 저가로 양도한다고 무조건 양도소득세나 증여세가 과세되는 것이 아니라 다음의 계산에 따라 부당행위 여부를 판단한다.

간단하게 양도소득세는 '3억 원, 5% 룰', 증여세는 '3억 원, 30% 룰'로 기억하면 된다. 여러가지 사례로 예를 들어 설명하면 좋겠지만 너무 어렵고 복잡해지므로 생략하겠다. 다만 비상장주식을 특수

특수관계가 있는 경우의 저가 양도에 대한 과세처리

구분	부당행위계산의 부인
저가 양도자	• 시가와 거래가액의 차액이 **시가의 5% 이상**인 경우 • 시가와 거래가액의 차액이 **3억 원 이상**인 경우 ※ 부당행위인 경우 시가와 대가의 차액을 총수입금액에 가산
저가 양수자	• 대가와 시가의 차액이 **시가의 30% 이상** 차이가 있는 경우 • 대가와 시가의 차액이 **3억 원 이상**이 경우의 그 대가 ※부당행위인 경우 증여재산가액=(시가−대가)−Min(시가×30%, 3억 원)

관계자끼리 매매하려면 반드시 세법상 주가를 정확하게 계산해보고 부당행위계산의 부인 규정에 해당되지 않는 범위 내에서 매매가를 결정해야 한다는 것을 명심해야 한다.

거래 2: 개인이 비특수관계자인 개인에게 저가로 양도한 경우

부당행위계산의 부인은 특수관계자간 거래에만 해당이 된다. 하지만 주식의 거래에 있어서는 특수관계자가 아니더라도 거래가액이 시가보다 현저히 낮은 경우에는 증여세를 과세한다. 여기서 현저하게 낮은 금액이란 시가와 대가의 차액이 30% 이상인 경우로서 그 차액이 3억 원을 초과하는 경우를 말한다. 즉 비특수관계자에게는 시가 5억 원의 주식을 2억 원 이하로만 양도하지 않으면 부당행위계산의 부인 규정에 적용되지 않는다는 것이다.

다만, 거래의 관행상 정당한 사유가 있는 경우에는 비특수관계자와 저가 매매하더라도 증여세가 아예 과세되지 않을 수도 있다. 이 경우 거래의 관행상 정당한 사유가 있는지 여부에 대해는 거래의 경위, 거래 당사자의 관계, 거래가액의 결정과정 등을 감안할 때 적정한 교환가치를 반영해 거래했다고 볼 수 있는지 여부 등 구체적인 사실을 종합해 과세관청이 판단한다.

특수관계가 없는 경우의 저가 양도에 대한 과세처리

구분	부당행위계산의 부인
저가양도자	• 조세문제 없음
저가양수자	• 시가와 대가의 차액이 30% 이상인 경우로서 그 차액이 3억 원을 초과하는 경우 증여세 과세 ※ 증여재산가액＝시가－대가－3억 원

6장

출구와
리스크

출구 리스크, 핵심은 세금이다

네 가지 출구

시작이 있으면 반드시 끝도 있다. 사업도 마찬가지다. 부푼 기대를 안고 시작한 당신의 사업도 언젠가는 출구에 이를 때가 온다. 법인 사업의 입구 단계가 주주와 임원을 구성하는 것으로 시작된다면 출구 단계는 역으로 주주와 임원의 지위를 인수인계하는 것으로 마무리된다.

법인 사업의 출구는 크게 네 가지다. 기업공개를 통해 주식시장에 상장하거나 다른 누군가에게 매각할 수도 있다. 자녀에게 회사를 물려줄 수 있고 법인을 청산하고 사업을 정리할 수도 있다. 언젠가 이 네 가지 출구 중 하나를 선택해야 하기 때문에 이에 따른 '출구 전략'을 세워야만 한다.

중소기업에게 상장이나 매각은 꿈과 같은 일이다. 그러나 아쉽게도 가능성이 매우 낮다. 대신 중소기업의 오너가 고민해야 하는 것은 바로 '승계'와 '청산'이다. 왜냐하면 이 두 가지 전략은 막대한 세금

법인 사업의 입구와 출구

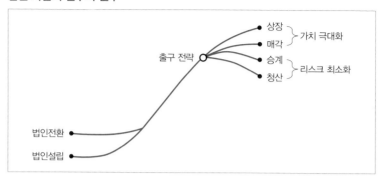

부담이 동반되기 때문이다.

지금부터는 법인의 출구 전략 중 중소기업의 가업승계와 법인 청산의 과정에서 어떻게 리스크를 최소화할 수 있는지에 대해 설명해보도록 하겠다.

가업을 승계할 때 발생하는 리스크

내가 지금의 일을 하게 된 계기를 만들어주고 도움을 준 멘토가 있다. 어느 날 멘토가 '가업승계'라는 용어 자체가 잘못이라는 말을 했다. 승계라는 단어가 거부감을 준다는 것이다. 노력 없이 거저 받는 뉘앙스가 있어서 오너도 선뜻 말하기를 꺼리고 직원 등 주변 사람들도 썩 좋은 시선으로 보지 않는다는 것이다. 그러면서 승계가 아니라 '계승'으로 바꾸어야 한다고 주장을 했다. 듣고 보니 일리가 있는 말이었다. 용어가 주는 느낌은 무시할 수 없다.

사업을 잘 물려주는 것은 힘들다. 하지만 물려받은 사업을 지키고 키우는 것은 더 어렵다. 가업승계를 만만하게 생각하거나 나중 일로

막연히 미루면 안 된다. 오랜 노하우와 기술을 전수하는 장인의 마음가짐으로 미리부터 고민하고 준비해야 한다.

법인기업의 가업승계를 좀 더 유심히 뜯어보면 크게 두 가지 과정으로 구분할 수 있다. 주주로서 지분을 물려주는 재산권 승계와 임원으로서 경영자의 지위를 물려주는 경영권 승계다.

법인의 구조와 승계

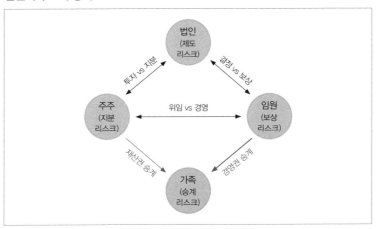

경영권 승계는 한마디로 오너의 자리를 물려주는 것이다. 실무적으로는 변경등기를 통해 대표이사로 취임하면 되는 간단한 절차지만 현실적으로는 매우 힘든 과정을 거쳐야 한다. 자녀에게 한 기업을 대표하고 책임지는 '오너의 자질'을 물려주는 일은 결코 쉽지 않기 때문이다.

돈으로 안 되는 두 가지가 '골프'와 '자식'이라는 말이 있지 않은가. 당신에게는 피땀 흘려 이룬, 목숨만큼이나 소중한 사업이지만 자녀는 아무래도 당신만큼 절박하지 않다. 그래서 이 '기업가 정신'을 물려주는 일은 가업승계를 생각하는 모든 오너들의 제일 큰 고민이다.

재산권 승계는 경영권 승계보다 시간도 더 오래 걸리고 비용도 많이 발생할 수 있다. 다행인 것은 지분을 물려주는 과정은 전문가의 도움을 받을 수 있다는 것이다. 경영권 승계는 사전에 예측이 불가능하고 오롯이 당신 혼자 그 짐을 져야 하지만 재산권 승계는 사전에 계산이 가능하고 다양한 솔루션이 있다. 이 책에서는 상속에 대해서만 간략하게 다뤄보도록 하겠다.

법인을 청산할 때 발생하는 리스크

지금 당장 사업을 정리한다면 비용과 세금이 얼마나 발생할지 계산해본 적이 있는가? 매년 꼭 한 번씩 계산해보기 바란다. 재무제표와 당신의 사업을 보는 눈이 달라질 것이다.

나는 '기업 건강검진 서비스'를 통해 매년 고객의 리스크를 진단해주고 있다. 오너가 생각하는 사업의 미래구도와 출구 전략을 의논하고, 이에 따라 발생할 리스크를 정리해서 레포팅한다. 특히 출구 전략을 시뮬레이션 해보면 오너들은 생각보다 큰 비용과 세금이 발생된다는 사실에 놀란다.

나는 매출 4억 원 정도의 법인을 정리하는데 17억 원이 넘는 세금을 낸 경우도 보았고, 예상되는 세금이 너무 부담스러워서 법인을 정리하지 못하고 방치하는 경우도 보았다. 법인을 청산하는 과정이 잘못되어 세금 체납과 신용불량이라는 굴레를 쓰는 경우도 심심찮게 보았다. 방금 말한 케이스 모두 제대로 된 컨설팅을 받고 1~2년 정도 시간을 두고 사업을 정리했더라면 꽤나 큰 세금을 아낄 수 있었고 최악의 경우를 피할 수 있었을 것이다. 법인은 시작할 때보다 청산할 때 더 큰 리스크가 발생할 수 있으므로 주의를 기울여야 한다.

출구 전략, 핵심은 세금이다

사실 오너 입장에서는 가업을 승계하거나 법인을 청산할 때 큰 리스크가 발생할 수 있다는 말이 좀처럼 와닿지 않을 수 있다. 구체적으로 어느 정도의 세금 부담이 발생하는지 계산해보자.

㈜○○정밀 재무상황

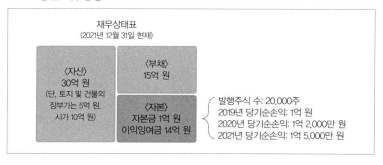

㈜○○정밀은 업력 20년이고 매년 평균 약 1억 원 내외의 이익이 나는 법인이다. 계산을 위해 아래와 같이 몇 가지를 가정하도록 하자.

- 현재 주주와 임원은 1인으로 구성되어 있고 퇴직금은 없다.
- 주택 등 개인 재산은 10억 원이 있다.
- 가업승계는 사망으로 인해 자녀 1인이 지분을 상속받는다.
- 상속에 기본공제와 일괄공제 10억 원만 적용한다.

- 법인이 보유한 부동산의 취득원가는 5억 원이고 현재 시가는 10억 원이다.

이 회사에 상속이 벌어지는 경우와 법인 청산을 하는 경우를 가정해 예상되는 세부담을 계산하면 다음 그림과 같다.

출구 전략에 따른 세부담 예상

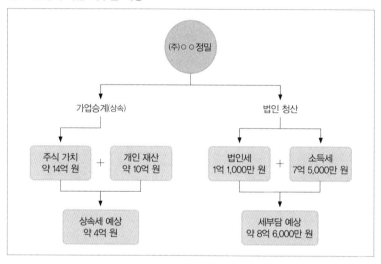

세금 계산은 조건에 따라 달라질 수 있다. 하지만 대략적인 계산만으로도 출구 단계에서 매우 큰 부담이 발생한다는 사실을 확인하기에는 무리가 없다. ㈜○○정밀은 20년 정도 사업을 한 기업치고는 큰 기업이 아님에도 불구하고 출구 단계에 이르면 부담하기 힘든 세금이 발생하는 것을 알 수 있다.

출구 전략의 핵심은 결국 세금 리스크를 최소화하는 것이다. 이를 위해서는 매년 세부담을 예상해보고 여러 가지 절세 솔루션을 미리 준비하는 것이다. 출구 전략은 한두 달의 준비로 해결할 수 없는 경우가 대부분이므로 일찍 준비할수록 유리하다.

가업승계

상속세, 모든 세금의 종착역

자녀에게 좋은 것을 물려주고 싶은 것은 모든 부모가 같은 마음이다. 힘들게 일구어온 사업도 마찬가지다. 특별한 경우가 아니라면 잘 키운 당신의 사업을 다음 세대에 넘겨주는 것은 자연스러운 과정이다. 이것을 '가업승계'라고 한다. 가업승계의 방법은 다양하다. 각자의 상황과 여건에 따라 수십 가지 전략이 가능하다. 하지만 세금부담이 크고 시간이 오래 걸린다는 점은 가업을 승계하는 오너들의 공통된 고민이다.

지금부터는 가업승계 중에서 최악의 경우라 할 수 있는 상속에 대해 살펴볼 것이다. 미리 준비하지 못한 상속이 얼마나 큰 부담인지 예상해보고 이를 준비하기 위해서는 어떻게 해야 하는지에 대해 사례 중심으로 설명하겠다.

지분의 상속과 상속세

㈜○○정밀은 2018년 1월 2일 자본금 1억 원으로 창업했다. 매출

은 꾸준히 증가했고 3년간 당기순이익은 1억, 2억, 3억 원이 되었다. 발행주식 20,000주를 오너가 100% 보유하고 있는데 임원도 본인 혼자다. 법인은 2021년 12월 31일 현재 자산 10억 원, 부채 3억 원, 자본 7억 원이며 오너의 가지급금이 1억 원 있는 상황이다.

㈜○○정밀의 상속세 신고시 재무상황

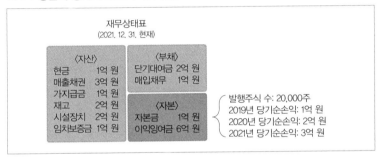

2022년 1월 거래처를 다녀오던 도중에 교통사고가 났고 오너가 사망했다면 어떤 일이 벌어질까? 우선 사고를 수습하고 상황이 어느 정도 정리되면 6개월 이내에 가족들은 상속 신고를 해야 한다. 소유했던 기업의 주식 가치를 계산해야 하는데 ㈜○○정밀의 1주당 평가금액을 약식으로 계산해보면 87,538원이고 보유한 주식의 가액은 약 17억 5,000만 원이 된다.

㈜○○정밀의 비상장주식 가치평가액

여기서부터 문제가 발생한다. 자산 10억 원에서 부채 3억 원을 빼면 순자산이 7억 원이다. 순자산에 비해 주식의 가치가 과대평가되어 있다. 더 문제는 현금화할 수 있는 유동성이 매우 낮다는 것이다. 가지급금은 오너가 법인에 갚아야 하는 돈이고 임차보증금은 당장 뺄 수가 없다. 상속세를 납부하기 위해서는 현금이 필요한데 자산 중 50%는 외상값과 재고에 묶여 있어 현금성자산은 거의 없다. 그럼에도 불구하고 세법은 오너가 보유한 주식의 가치를 약 17억 5,000만 원이라고 평가하는 것이다.

사망한 오너에게는 집이나 예적금과 같은 개인 재산도 어느 정도 있을 것이다. 이를 12억 5,000만 원이라고 가정해보자. 오너의 주식 가액과 개인 재산을 합하면 상속재산이 약 30억 원에 달한다. 상속재산이 30억 원이 되는 사람이 많지 않다고 생각할 수 있다. 하지만 개인 재산이 10억 원 정도 있고 당기순이익 2억 원 정도 발생하는 중소기업을 운영한다면 이 정도의 상속재산이 잡히는 것은 그리 어렵지 않다.

이 경우에 상속세는 얼마나 될까? 성년 자녀 2명이 있는 것으로 가정하면 다음과 같이 배우자가 있는 경우에는 약 2억 3,000만 원, 없는 경우라면 약 7억 3,000만 원의 상속세가 부과될 것으로 예상한다. 기본공제와 일괄공제, 배우자공제 외에 나머지는 계산에 포함하지 않았다.

배우자가 있는 경우에는 배우자의 법정상속지분 약 12억 8,000만 원을 공제받기 때문에 상속세가 낮다. 하지만 배우자가 없는 경우라면 공제받을 수 있는 금액이 낮아져 약 7억 3,000만 원의 상속세

㈜○○정밀 오너의 상속세 예상

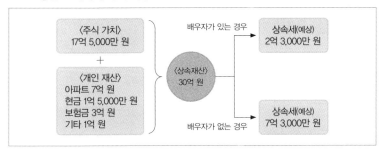

가 예상되는 것이다. 그나마 창업한 지 3년밖에 되지 않아서 상속세 예상액이 적은 것이다. 만약 업력이 20~30년 정도 되어서 이익잉여금이 많이 쌓인 상태이고 당기순이익도 높은 편이라면 정말 헉 소리나는 세금이 나올 수도 있다.

상속세를 줄이는 효율적인 방법

오너의 지분 상속을 대비해서 먼저는 상속세 자체를 줄이기 위한 노력이 필요하다. 이에 대한 몇 가지 전략을 살펴볼 텐데 상속에 대한 전체 내용이 아니라 가업승계에 국한된 것임을 전제하고 읽어보길 바란다.

방법 1 : 상속하지 말고 증여하라

세금은 모일수록 비싸지고 나눌수록 부담이 줄어든다. 가업승계를 위해서는 오너의 지분을 사전에 증여하는 것이 항상 더 나은 전략이다. 특히 상속이 발생하면 과거 10년간 증여한 재산은 상속재산에 합산되므로 미리미리 조금씩이라도 주식을 증여해야 한다.

방법 2: 증여하지 말고 양도하라

증여세는 명목세율이 10~50%다. 반면에 비상장주식의 양도세율은 20~25%다. 적은 금액이라면 증여세를 부담하는 것이 유리할 수 있지만 금액이 커진다면 양도를 고려하는 것도 전략이다. 주는 것보다 파는 것이 쌀 수 있다는 말이다. 주식을 양도하려고 할 때는 반드시 자녀의 소득 출처가 있어야 한다.

방법 3: 결손이 발생하면 주식을 증여하거나 양도하라

사업을 하다 보면 결손이 발생할 때가 있다. 법인의 오너라면 오히려 이때를 활용해 당장의 손해를 장기적인 이익으로 바꿀 줄 알아야 한다. 결손이 난 다음 해에는 주식의 가치가 많이 떨어지므로 자녀에게 주식을 적극적으로 이전하면 증여세와 양도세, 더 나아가 상속세를 아낄 수 있다.

방법 4: 주식을 증여하거나 양도하기 전에 퇴직금을 지급하라

자녀에게 주식을 증여하거나 양도하기 전에는 이익을 최대한 낮추는 것이 주식의 가치를 낮추어 절세에 유리하다. 법인의 이익을 극적으로 낮추기 위해서는 임원의 퇴직금을 정산하는 것이 가장 효과가 좋은 방법이다.

방법 5: 급여를 높이고 나눠라

임원의 퇴직금 제도를 활용해 양도세, 증여세, 상속세를 절감하기 위해서는 퇴직금이 충분해야 한다. 퇴직금에 영향을 미치는 변수는 근속연수와 평균임금이므로 평소에 임원의 급여를 회사의 실적과 연동해 충분한 수준까지 올릴 필요가 있다. 오너 1명의 급여를 지나치게 높이면 소득세 부담이 급격하게 증가할 수 있으므로 함께 일하는 가족을 임원으로 등기해 급여를 나누면 분산의 효과를 극대화할 수 있다.

방법 6: 꾸준히 배당해서 자산가치를 낮춰라

비상장주식의 가치는 순손익가치와 순자산가치로 구성된다. 순손익가치를 낮추는 방법은 당기순이익을 줄이는 것이고 순자산가치를 낮추는 방법은 배당을 통해 이익잉여금을 줄이는 것이다. 중소기업일수록 매년 꾸준한 배당을 통해 이익잉여금을 관리하는 것이 장기적으로는 더 큰 세금을 아끼는 방법이다. 단, 배당하기 전에는 최대한 가족들로 주주를 구성해야 효과를 극대화할 수 있다.

방법 7: 가업승계 지원제도를 활용하라

여러 가지 방법을 통해 가업승계를 준비해도 기업의 규모가 일정 수준 이상으로 커지면 감당하기 어려운 부담이 생길 수 있다. 그럴 때는 국세청의 '가업승계 지원제도'를 활용하라. 가업승계 지원제도에는 가업상속공제, 가업승계 주식에 대한 증여세 과세특례, 창업자금에 대한 증여세 과세특례 세 가지가 있다.

하지만 세상에 공짜 점심은 없다. 지원을 받은 기업은 사후관리요건을 지켜야 하는데 이것이 쉽지만은 않기 때문에 가업승계 지원제도는 가급적 최후의 카드로만 활용하기를 추천한다.

상속세를 준비하는 효과적인 방법

다음으로는 상속세 납부재원을 마련하기 위한 방법이다. 현실적으로 상속세를 완전히 없앨 수는 없기 때문에 상속세를 납부할 수 있는 재원을 마련하는 것도 동시에 필요하다. 상속세를 납부할 돈이 없으면 부동산을 급매해야 하는 등의 추가적인 손실이 발생할 수 있기 때문에 유동성 높은 자산을 미리 마련해두는 것이 필요하다.

방법 1: 개인의 종신보험을 준비하라

국세청은 해마다 2권의 세금절약 가이드북을 발간한다. 이 책의 제2권 상속세 편을 보면 보장성보험을 통해 납세자금을 미리 마련할 것을 권하고 있다(국세청, 《2021년 세금절약가이드2》, 182쪽). 종신보험은 상속세 납부재원을 마련하기에 최적인 금융상품이므로 중소기업의 오너는 개인적으로 꼭 가입을 해야 한다.

특히 자녀를 계약자로, 부모를 피보험자로 해서 종신보험을 가입한 후 사망보험금을 받게 되면 소득세뿐 아니라 상속세도 없다. 완전한 비과세다. 주의할 점은 소득이 없는 자녀가 계약자가 되면 증여가 되므로 미리 주식을 증여하고 배당을 통해 소득을 만들어 준 후에 이 전략을 실행해야 한다.

방법 2: 임원퇴직금 관련 규정을 정비하고 적립하라

오너가 사망했더라도 근속한 기간과 급여에 비례해 퇴직금을 받을 수 있다. 이때 받은 퇴직금은 상속세를 납부할 수 있는 중요한 재원이 될 수 있다. 현금이 없어서 부동산을 급매하거나 상속을 포기하는 안타까운 상황은 면할 수 있으므로 반드시 퇴직금과 관련된 규정을 미리 정비해야 한다.

더 중요한 것은 퇴직금을 지급할 수 있는 재원을 마련하는 것이다. 중소기업의 오너라면 직원의 퇴직금만 챙기지 말고 자신의 퇴직금도 악착같이 준비할 필요가 있다.

방법 3: 유족위로금 관련 규정을 정비하고 보장에 가입하라

임원의 퇴직금 외에도 유족위로금에 대한 규정을 만들어 두면 가족들에게 유족위로금을 지급할 수 있다. 근로자는 업무상 사망으로 인해 받는 위로금은 소득세와 상속세가 비과세다. 대주주는 전부 제외이므로 절세 효과는 없지만 만약을 위해 규정을 만들어 두고 보험 상품에도 가입해둘 필요가 있다. 정말 급한 상황에서는 큰 도움이 될 수 있기 때문이다.

법인청산

끝날 때까지 끝난 게 아니다

돈과 사람을 모아 사업을 시작하는 것이 회사설립이라면, 사업목적을 달성했다던가 또는 여러 가지 이유로 사업의 목적을 달성할 수 없어서 권리와 의무의 주체로서 법인을 없애고 그 후 재산을 처분하는 행위를 법인의 해산 및 청산절차라 한다.

청산을 폐업과 혼동하는 경우가 있는데 폐업은 더 이상 영업활동을 하지 않는 것으로 세무서에 사업자등록증을 반납하는 것을 말한다. 따라서 폐업신고를 해도 법인은 소멸하지 않고 청산절차를 마쳐야 비로소 회사가 소멸한다.

개인 사업과 달리 법인 사업은 사업을 정리하는 과정에 매우 주의해야 한다. 아무런 계획 없이 즉흥적으로 결정하고 진행했다가 이후에 추가로 세금과 비용이 발생할 수 있기 때문이다. 지금부터 법인청산의 과정을 간략하게 살펴본 후, 법인을 청산할 때 발생하는 리스크와 관리방법에 대해 알아보자.

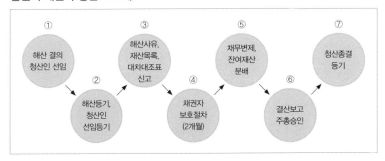

법인을 청산하는 프로세스

주식회사의 해산과 청산은 다음과 같이 상법에 규정된 절차에 따라 이루어져야 한다.

절차 1: 주주총회를 소집해 해산결의 및 청산인을 선임

회사는 존립기간 만료, 합병, 파산, 법원의 명령, 주주총회의 특별결의 등의 사유로 언제든지 해산할 수 있다. 중소기업의 해산사유는 승계할 사람이 없는 경우거나 파산하는 경우가 대부분이다. 해산을 위해서는 청산인을 선임해야 하는데 자본금 10억 원 미만의 회사는 대표이사가 대표 청산인으로 선임된다.

절차 2: 해산등기, 청산인 선임등기

주주들이 모여서 해산을 결의하고 청산인을 선임한 후에는 청산인이 2주 이내에 법원에 해산 및 청산인 선임등기를 신청한다. 이 경우 해산등기만 하고 청산인 선임등기를 하지 않으면 등기해태통지를 받을 수 있으니 주의해야 한다. 등기가 완료되면 주주총회 결의에 의한 해산이라고 법인등기부에 기재된다.

절차 3: 해산사유 등 신고

청산인 선임등기 후 법인 본점 소재지의 지방법원에 해산사유와 재산목록, 대차대조표를 신고한다. 해산사유 등 신고는 등기와는 별개의 제도이므로 법무사 대행의 경우 간혹 신고를 누락하는 경우가 있으므로 꼭 확인해야 한다.

절차 4: 채권자보호절차

청산인은 취임 후 2월 내에 등기부등본에 정한 공고방법으로 홈페이지 또는 신문에 해산공고를 한다. 공고의 내용은 회사채권에 대해 일정 기간 내에 채권을 신고할 것을 최고하는 것이다. 공고 기간은 2개월 이상 총 2회 이상이나 이틀에 걸쳐 연이어 2회를 공고할 수도 있다. 만약 이 기간에 회사의 잔여재산보다 빚이 더 많다면 청산인은 법원에 파산선고를 청구해야 한다.

절차 5: 채무변제 및 잔여재산의 분배

공고된 채권 신고 기간이 종료된 후 채무를 변제하고, 잔여재산이 있는 경우에는 주식 수에 따라 각 주주에게 분배한다. 이때 분배받은 잔여재산은 배당소득세를 납부해야 한다.

절차 6: 결산보고와 주총승인

채권자 보호 절차 및 잔여재산 분배가 끝나고 바로 결산보고서를 작성해 주주총회 승인을 얻으면 청산이 종결된다.

절차 7: 청산종결등기

청산이 종결된 후 청산인은 결산보고서의 승인이 있는 날로부터 본점 소재지에서 2주 이내에 청산종결등기를 신청해야 한다. 이 경우 청산종결이라고 법인등기부에 기재된다. 잔여재산 분배가 끝나고 청산종결등기를 한 법인은 법인등기부가 폐쇄되며 법인인감증명서가 새로 발급되지 않는다.

해산 및 청산 시 발생하는 리스크

어떤가? 대략 보기만 해도 복잡하고 머리 아프지 않은가? 법인을 청산하는 과정은 비용과 세금이 많이 든다. 절차에 대한 이해와 출구 전략 없이 회사를 감정적으로 정리하면 나중에 큰 화를 당할 수 있다. 더구나 사업이 부진해서 정리하는 경우라면 심적으로나 재정적으로나 여유가 없기 때문에 손을 놓아 버리고 일명 잠수를 타는 경우도 많은데 이 경우에는 세금 체납과 신용불량으로 더 큰 문제를 일으킬 수 있다.

해산 및 청산에 걸리는 기간은 통상 약 3개월 정도로 이 과정에서 법인세와 배당소득세가 발생한다. 법인세는 사업연도 개시일부터 해산등기일까지 사업연도소득에 대한 법인세와 해산등기일부터 잔여재산가액 확정일까지의 사업연도소득에 대한 법인세 등 2회가 발생한다.

청산소득에 대한 법인세는 잔여재산가액 확정일이 속하는 달의 말일부터 3개월 이내 청산소득에 대한 법인세를 신고해야 한다.

그리고 국세기본법상 법인에 부과되어 납부할 세금에 대해 법인이 납부하지 않으면 폐업 후에라도 과점주주가 납부해야 한다. 이를 앞서 설명한 '과점주주의 제2차 납세의무'라 한다.

배당소득세는 법인세 완납 후에 청산과정에서 잔여재산을 분배 받은 경우에 신고한다. 아무튼 회사를 청산하는 과정은 온전히 세금과의 전쟁이므로 미리 전략을 수립하고 준비해야 한다. 사업을 정리할 계획이라면 최소한 1년 이상은 고민하고 준비할 것을 권한다.

법인 청산 상담사례

최근에 법인 청산에 대해 상담한 회사가 있다. 화성에서 합성수지 및 플라스틱 제품을 제조하는 회사로 업력은 9년이 되었고 재무상태를 요약하면 다음 페이지 표와 같다.

일단 회사의 상황은 장부상 이익이 있지만 실제로는 이익이 거의 없었고 약 24억 원가량의 부채가 있었다. 대출을 연장하고 추가 대출을 받기 위해 자본금을 증자했고 주주와 임원은 오너 1인으로만 구성되어 있었다. 5년 전에 개인 사업에서 법인으로 전환했고 적자도 누적되고 부채도 감당하기 힘든 상황이 되어서 회사를 청산하려고 마음먹은 상황이었다. 세무조정계산서와 회계 파일을 넘겨 받아 세무사와 함께 현황을 분석해보니 너무 심각한 상태였다. 그대로 청산을 했다가는 다음의 문제들이 발생할 가능성이 있었다.

㈜하나○○○의 재무상태 요약

(단위: 원)

자 산		부 채	
유동자산	4,377,000,000	유동부채	1,204,000,000
당좌자산	3,626,000,000	매입채무	395,000,000
현금및현금성자산	18,000,000	미지급금	31,000,000
단기투자자산	45,000,000	예수금	2,000,000
매출채권	2,402,000,000	선수금	1,000,000
미수수익	77,000,000	단기차입금	754,000,000
미수금	92,000,000	미지급세금	21,000,000
선급금	301,000,000	비유동부채	1,634,000,000
선급비용	7,000,000	장기차입금	1,634,000,000
주임종단기채권	684,000,000		
재고자산	751,000,000	자 본	
제품	50,000,000		
원재료	701,000,000	자본금	510,000,000
비유동자산	336,000,000	이익잉여금	1,365,000,000
투자자산	11,000,000		
퇴직보험예치금	11,000,000		
유형자산	291,000,000		
기계장치	641,000,000		
차량운반구	31,000,000		
공구와기구	23,000,000		
비품 및 시설장치	33,000,000		
(감가상각누계액)	(437,000,000)		
무형자산	–		
기타비유동자산	35,000,000		
자산총계	**4,713,000,000**	**부채와자본총계**	**4,713,000,000**

리스크1: 임원의 가지급금으로 인한 근로소득세 발생

최종연도 말 기준으로 장부상 표시된 가지급금인 주임종단기채권은 6억 8,400만 원이었지만 실제로 분석해보니 가지급금 잔액은 약 18억 3,000만 원이었다. 매출채권과 재고에 상당한 금액이 숨겨져 있었던 것이다. 대표는 개인 사업을 오래 운영했기 때문에 습관적으로 법인의 돈을 가져다 개인적으로 부동산 등을 구입하기도 했고 증빙 없이 나간 비용도 꽤 많이 누적되어 있었다.

만약 이 상황에서 법인을 청산하면 가지급금 18억 3,000만 원은 어떻게 처리될까? 가지급금 18억 3,000만 원 중에서 이익잉여금 13억 6,500만 원을 뺀 나머지 금액 4억 6,500만 원은 대표이사의 상여로 처분되어 근로소득세가 과세된다. 예상되는 근로소득세는 약 1억 6,000만 원 정도다.

리스크2: 주주 의제배당으로 인한 배당소득세 발생

최종연도말 현재 미처분이익잉여금 13억 6,500만 원은 의제배당으로 처분되어 배당소득세가 과세된다. 추산해보면 약 4억 8,000만 원 정도다.

재무상태표 상의 이익잉여금은 1/3 이상 세금으로 바뀐다고 생각해도 틀리지 않는다. 미처분이익잉여금은 청산할 때는 주주의 배당으로 계산되어 배당소득세를 높이고, 승계할 때는 주식의 가치를 부풀려 증여세나 상속세를 높인다.

리스크3: 장단기차입금 일시상환

대표는 당장 현금도 없고 복잡하다는 이유로 이 상황을 피하고만 싶어 했다. 최악의 경우는 자신의 모든 재산을 가족들로 명의를 변경한 후 세금이나 채무를 상환하지 않는 방법도 생각하고 있었다. 하지만 과세되는 세금이 크고 부채도 많기 때문에 금융기관의 채권 추심과 소송의 가능성이 높다. 기분에 따라 결정하면 절대 안 된다고 몇 번을 말렸다.

상담을 통해 차후에 리스크를 최소한 줄일 수 있는 방향으로 회사를 청산하기로 대표와 합의를 하고 현재 청산을 준비하고 있다. 일단 이 회사는 매출이 줄고 있기는 하지만 40억 원 정도의 매출이 나오고 있기 때문에 2~3년 정도 시간을 두고 출구 전략을 실행하기로 했다. 가지급금 회수 및 이익잉여금 감소를 통한 세부담을 최대한 낮추는 것이 관건인데 이를 위해 특허권 양도, 급여 인상, 임직원 퇴직금 지급, 부실채권 대손 설정, 노후자산 매각 등의 다양한 노력을 기울이고 있다.

리스크는 외면하고 피한다고 없어지는 것이 아니다. 현실을 직시하고 리스크를 찾아서 준비하거나 대비하려는 노력을 한다면 얼마든지 통제 가능한 수준에서 관리가 가능하다. 더 나아가 비용이나 세금으로 사라질 수도 있었던 현금을 지킴으로써 이익을 높이는 수단으로 만들 수도 있다.

긴 책을 끝까지 읽어 준 독자에게 감사의 마음을 전한다. 좀 더 알차고 더 도움이 되는 내용을 담지 못한 아쉬움이 있지만 일단은 첫 책을 낸다는 사실에 만족하기로 했다. 부족한 부분과 아쉬운 내용은 앞으로 나올 책들의 완성도를 높이는 양분으로 삼을 것이다.

20년 넘게 품었던 꿈을 현실로 만들어준 고마운 분들께 따로 한 페이지를 떼어 감사의 인사를 전하고 싶다.

사랑하는 아내 선영, 친구 같은 아들 현, 소중한 딸 소명. 이들은 내가 살아가는 의미이며 재미다. 또 부족한 환경에서도 부족하지 않은 사랑을 주셔서 자존감을 잃지 않도록 키워 주신 아버지와 어머니, 실패와 실수에도 불구하고 변함없이 기다려주고 믿어 주신 장인어른과 장모님께 깊은 감사를 드린다.

함께 일하는 기쁨을 알게 해 준 ㈜에프씨네스트의 모든 동료들에게 감사한다. 고객을 소개해주고 많은 질문을 해주었기 때문에 현장에서 많은 경험과 내공을 쌓을 수 있었다. 특별히 늘 내 생각을 존중해주고 아이디어를 지지해주신 유해덕 의장님과 임원들께 감사와 존경을 드린다.

또 내가 이 일을 할 수 있도록 멘토로서 길을 열어주고 가르침을 준 백문영 대표에게 특별히 감사한다.

마지막으로 현장에서 만나 사업과 인생에 대한 본인의 경험과 생각을 나누어 준 800여 분의 대표님들께 감사드린다. 이분들은 나에게 이 책을 쓸 마음과 의지, 돈으로 살 수 없는 경험을 선물해 주셨다.

경험만 의지하면 고집이 되기 쉽고 이론에만 매몰되면 탁상공론이 될 가능성이 높다. 탁월해지기 위해서는 경험도 중요하고 이론도 중요하다. 나는 앞으로도 시장과 책장 사이를 부지런히 오가며 스마트(S. M. A. R. T.)한 중소기업을 만들어가는 데 도움이 되는 콘텐츠와 솔루션을 계속 만들어나갈 것을 다짐한다.

다음은 가업승계에 대한 책으로 만나게 될 것이다.

RPA 레볼루션

김인수 지음 | 16,000원

'업무 자동화' RPA와 함께
바쁘기만 한 반복적 업무에서 자유하라!

RPA는 과거의 사무 업무를 최첨단 사무 업무로 혁신시킬 수 있다는 점에서 많은 주목을 받고 있다. 이 책은 RPA를 왜 도입해야 하는지, 업무에 어떤 변화들을 가져오는지에 대해 가장 명확하게 설명한다. 실제 사례를 통해 RPA가 어떤 효과를 가져오고 기업에서는 RPA를 어떻게 도입해야 하는지, 그리고 도입한 이후에는 어떻게 운영 관리를 해야 더 획기적으로 사용할 수 있는지를 명확하게 설명한다. 또한 가장 실용도가 높은 RPA 프로그램인 '유아이패스', '에이웍스', '파워 오토메이트'의 특징점과 이를 따라 해볼 수 있는 구체적인 사용법도 담았다.

스타트업 30분 회계

박순웅 지음 | 16,000원

방치한 회계 문제가 회사를 없애는
폭탄이 되어 돌아온다!

이 책은 스타트업 CEO들이 필수적으로 익혀야 할 회계의 기본 지식을 알려준다. 숫자와 서식으로 복잡하게 설명하는 머리 아픈 회계 공부가 아닌, 실제 일어난 30가지 이슈로 벤처 캐피털(VC)의 마음을 읽을 수 있는 최소한의 회계 지식을 들려주므로 한 단계 성장이 필요한 CEO들을 단단하게 무장시켜줄 것이다. 또한 놓치지 말아야 할 회계 개념 12가지도 함께 담아 기업 운영에 도움이 되도록 했다. 이 책을 통해 한층 더 스케일 업(Scale-Up) 한 회사를 이끌어갈 수 있을 것이다.

비즈니스 닥터
CFO의 재무
관리법

사장님도 모르는
회사의 숨은 돈

송현채 지음 | 16,000원

**하마터면 줄줄 새는 회사 자금을
그냥 둘 뻔했다!**

대기업은 전문 재무팀이 별도로 있어 재무 리스크를 잘 대처할 수 있다. 그러나
일반 중소기업들은 그러기엔 사정이 여의치 않다. 이 책은 그런 중소기업 사장님
들에게 단비와 같은 소식을 전해준다! 열심히 번 피 같은 돈을 합법적으로 절세할
방법을 알려주고, 리스크로 인해 갑작스럽게 회사 운영이 휘청거리지 않게 미리
파악하도록 돕는다. 또한 사업자들이 놓치지 말아야 할 세금 일정도 한눈에 볼 수
있도록 담았다. 이 책과 함께 이제는 불안한 자금 상황에서 탈출하자!

노사 관계 발전을
위한 노하우 31

사장이 원하는 회사
직원이 바라는 회사

산군 지음 | 14,000원

**사장도 웃고 직원도 웃는 회사가 과연 있을까?
답 없을 것 같은 노사 관계에 딱 맞는 노사 솔루션!**

노사 관계에 대해 얼마나 알고 있는가? 이 책은 사장과 직원의 관계 완화와 상호
이익에 관한 내용을 담고 있다. 인사관리 전문 노무사인 저자는 지금까지 자신이
상담했던 수많은 상황과 인사관리학 연구 등을 바탕으로 단순히 서로의 역할을
알아야 하는 것이 아닌 서로의 내면을 이해하고 각자가 원하는 이익을 양쪽 모두
얻을 수 있는 조직 체계에 관한 방법을 소개한다. 이 책을 통해 사장과 직원 모두
가 만족하는 노사 문제 해결 방법을 찾아 회사에 적용하길 바란다!